Schatten & Wesen

9 Ausstellungen

im

KUNSTVEREIN
SCHWERTE

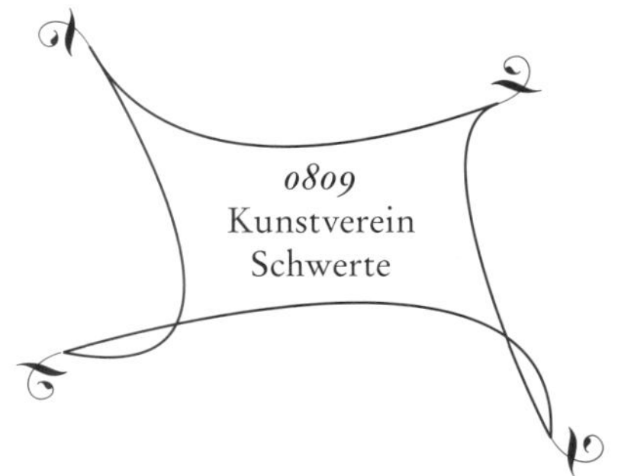

KERBER ART

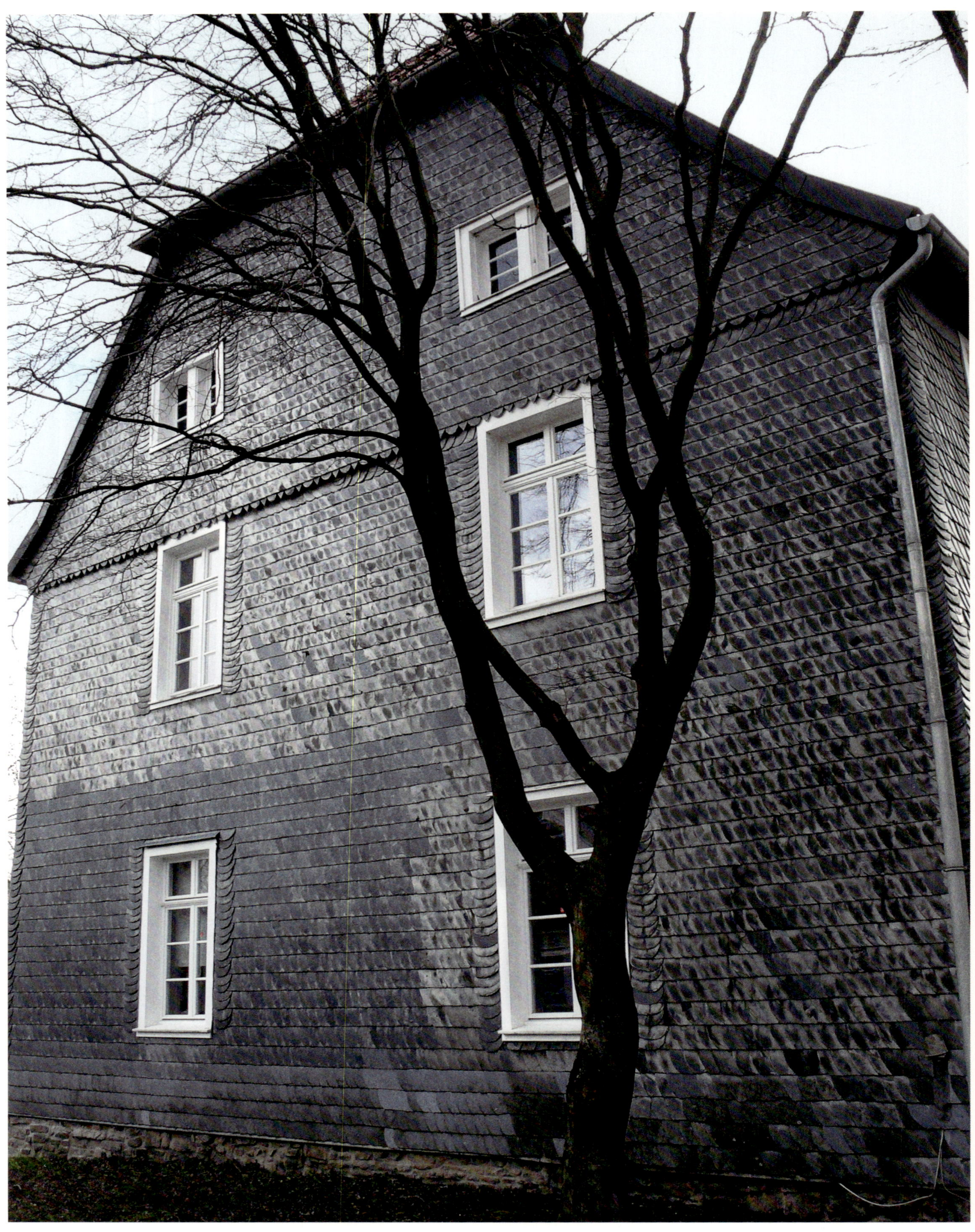

von
Christian Freudenberger
und
Markus Karstieß

2008 – 2010

mit
Tobias Hantmann

Skafte Kuhn

Seb Koberstädt

Andrew Palmer

Jochen Lempert

Lin May

Jens Ullrich

Gregor Hildebrandt

Julio Ernesto Herrera Flores

Alexander Esters

Alex Jasch

Peter Märtin

Heike Kati Barath

Paul McDevitt

Stefan Löffelhardt

Kalin Lindena

Ann-Kristin Hamm

Jürgen Drescher

Emanuel Wadé

Jan Albers

Jochen Weber

Christian Freudenberger

Markus Karstieß

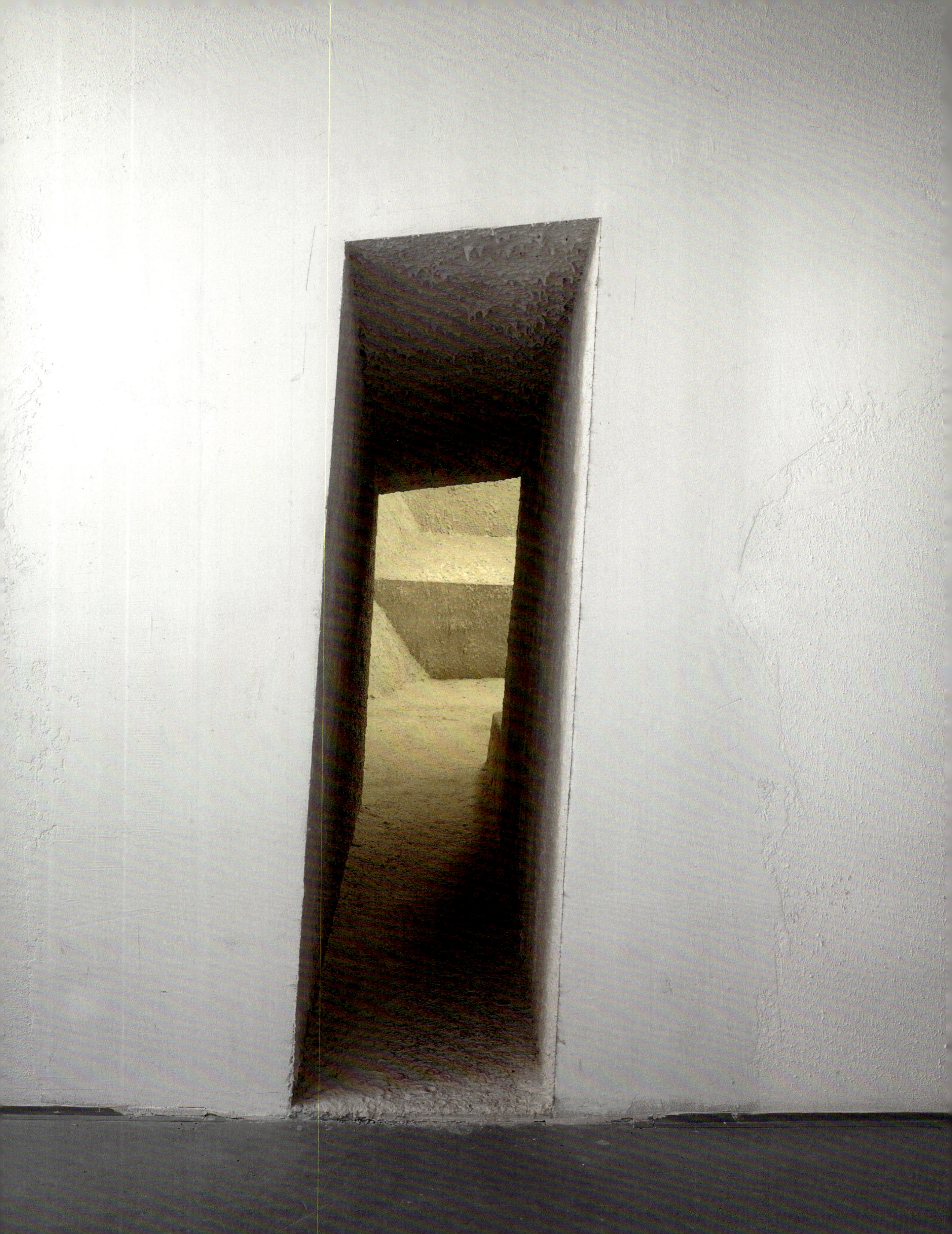

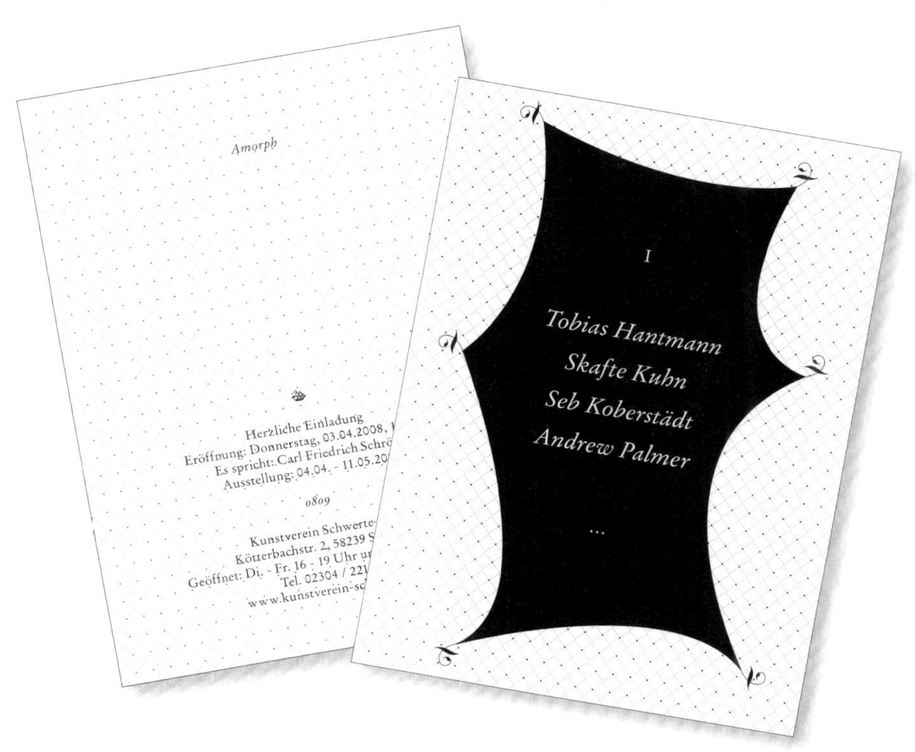

I

Amorph

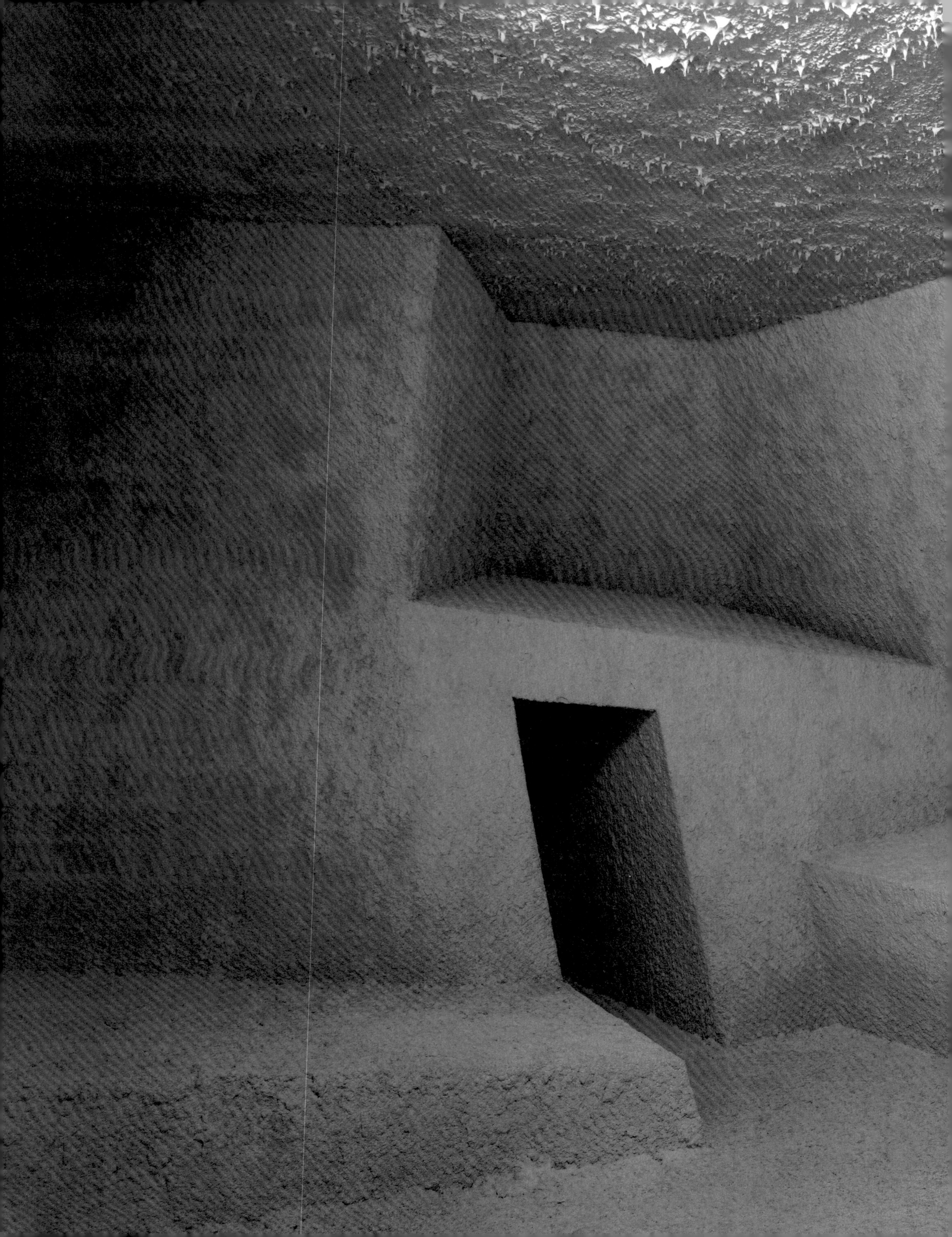

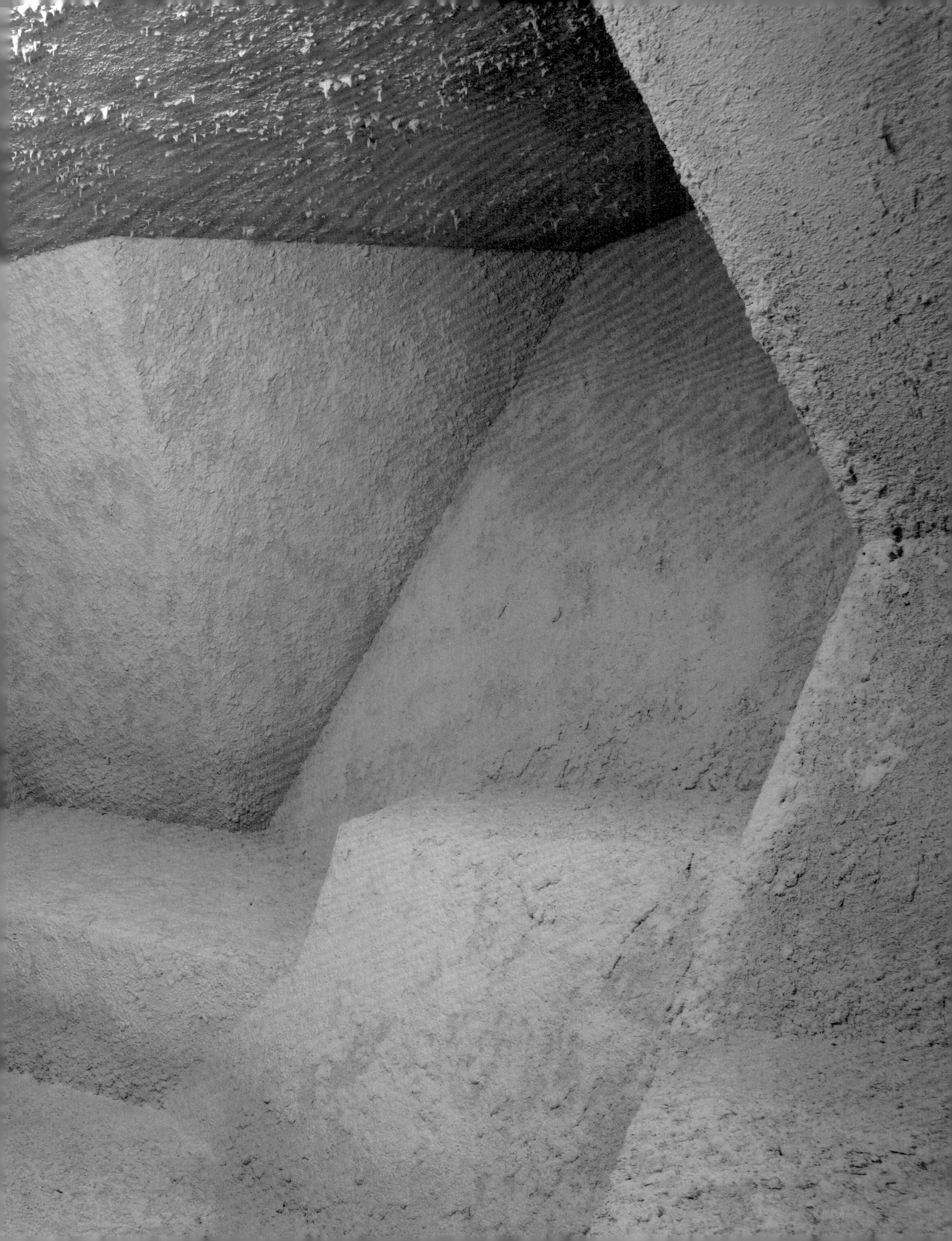

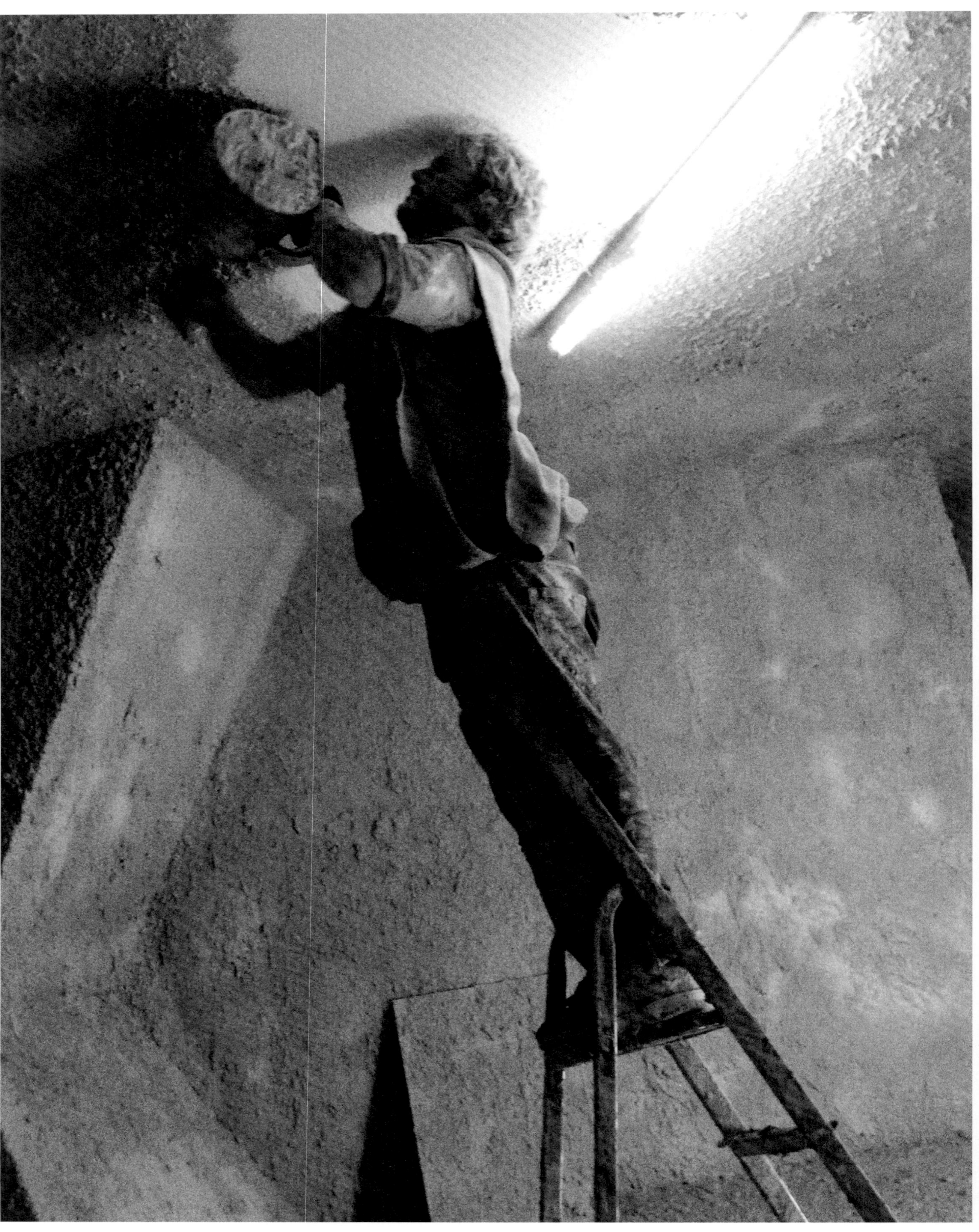

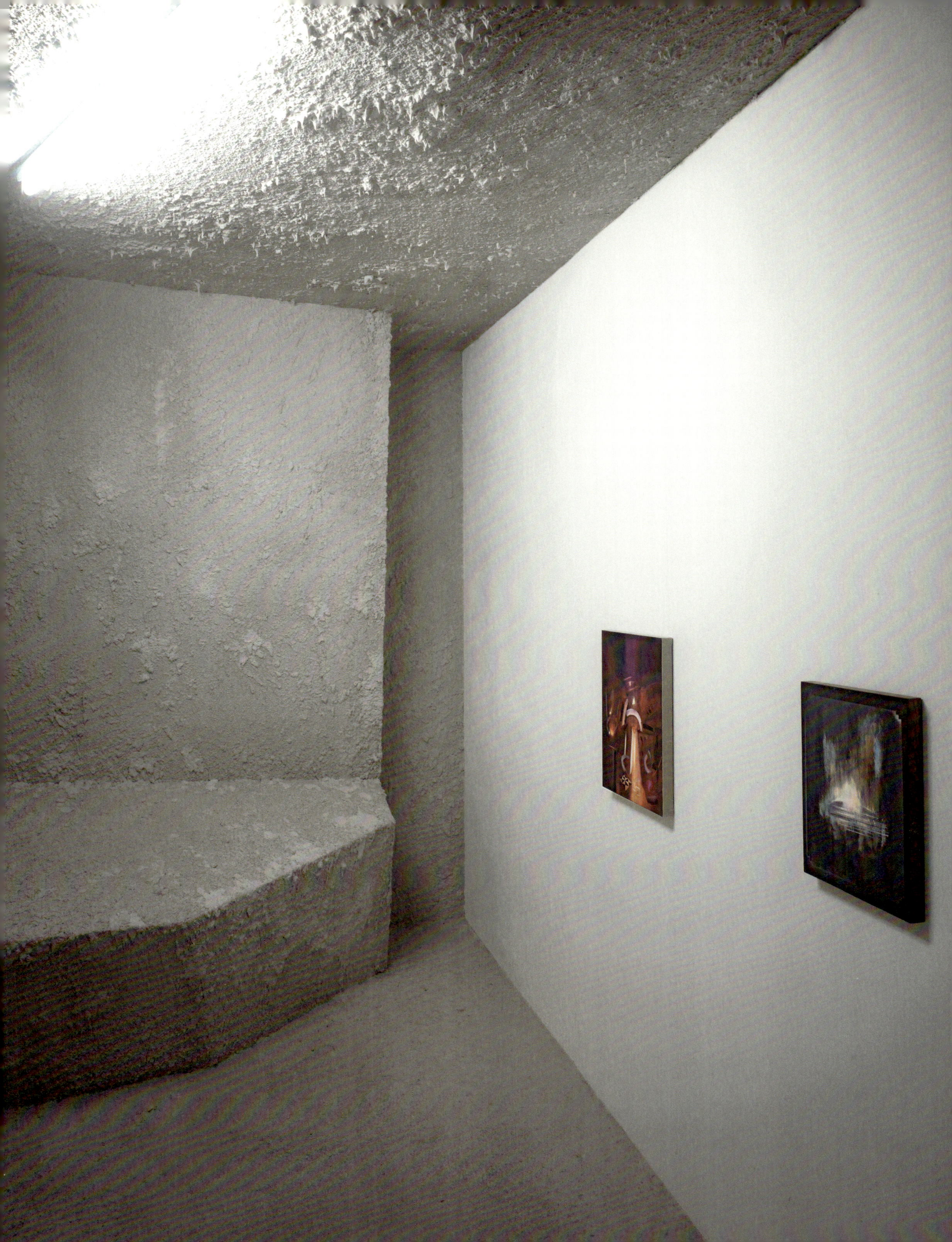

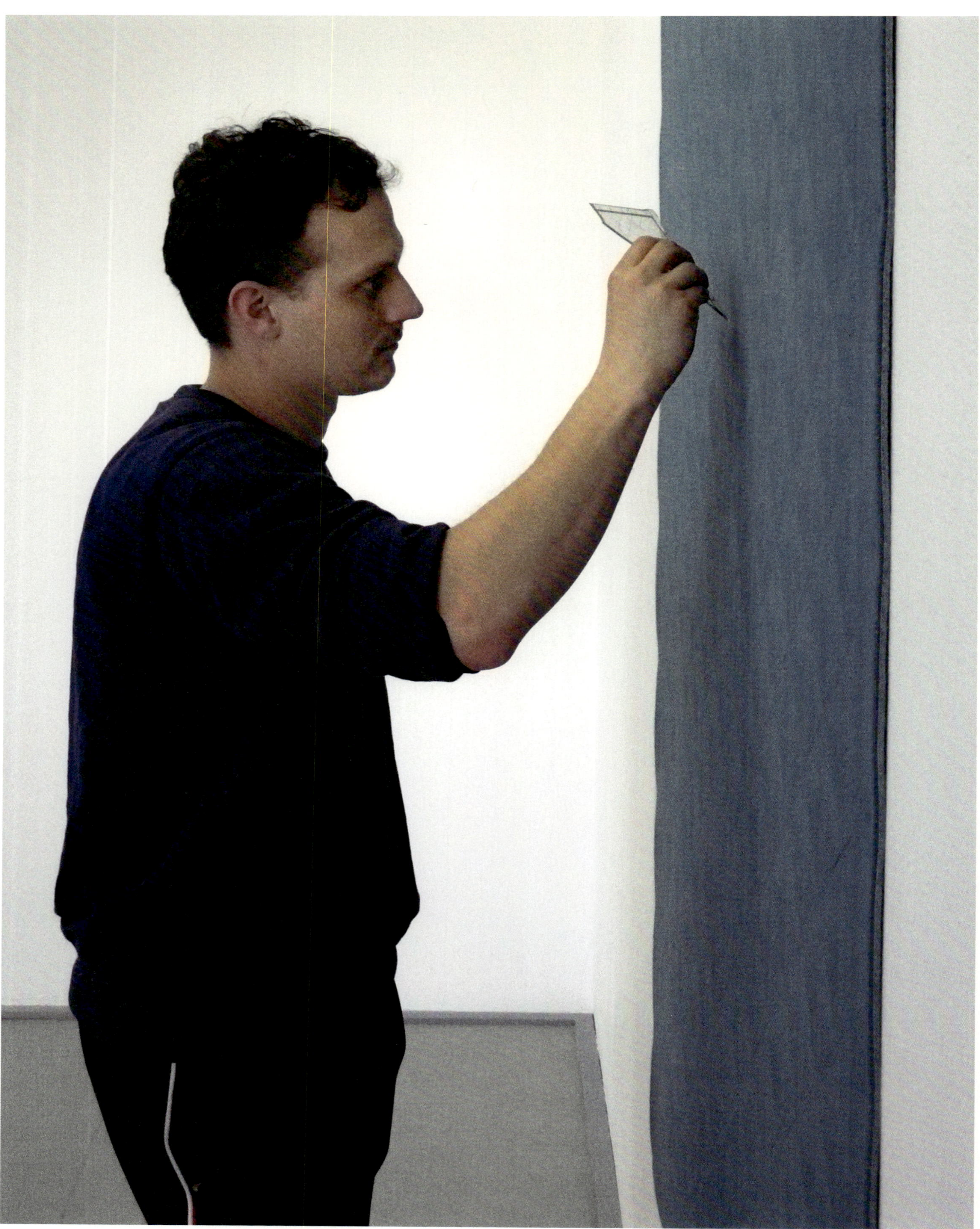

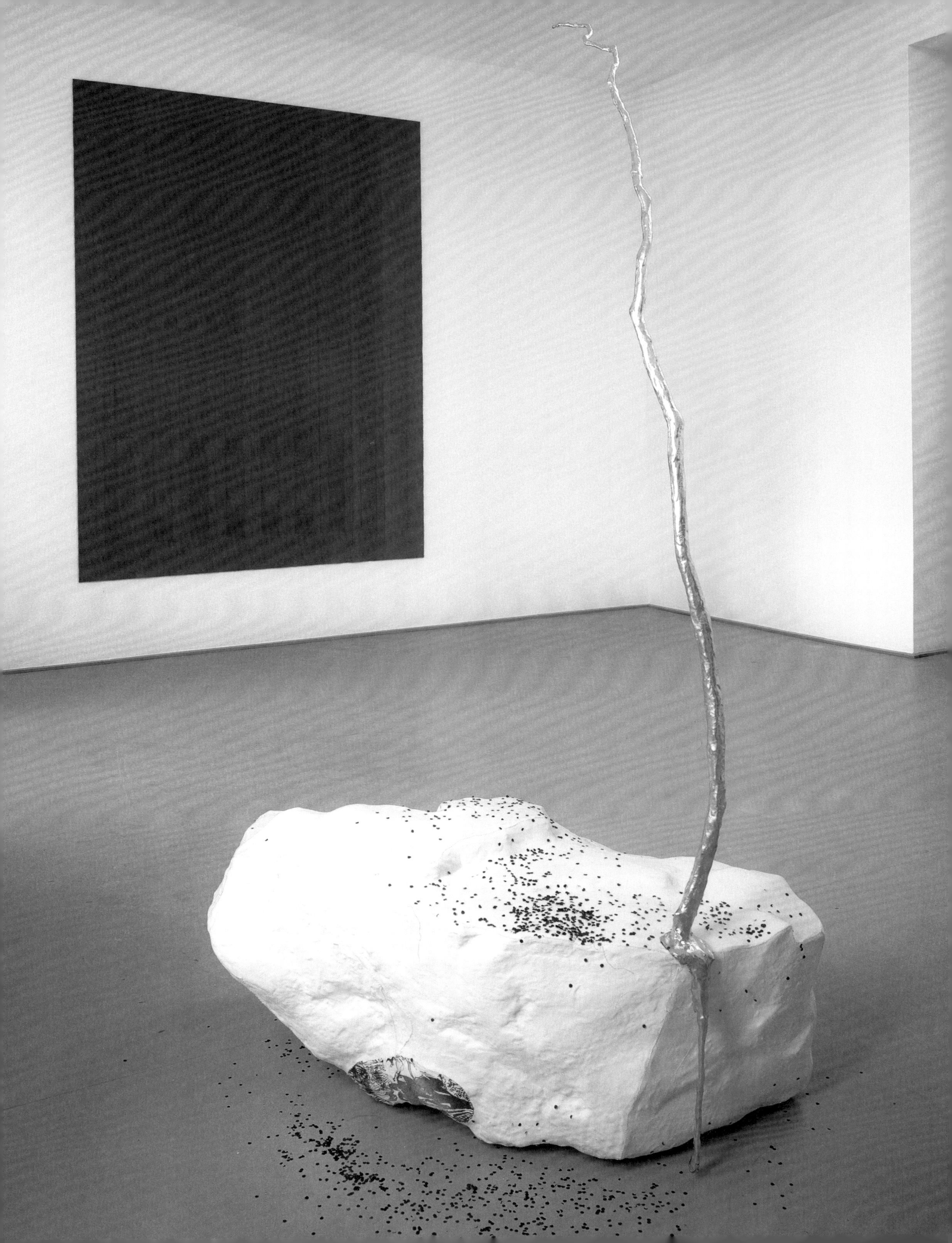

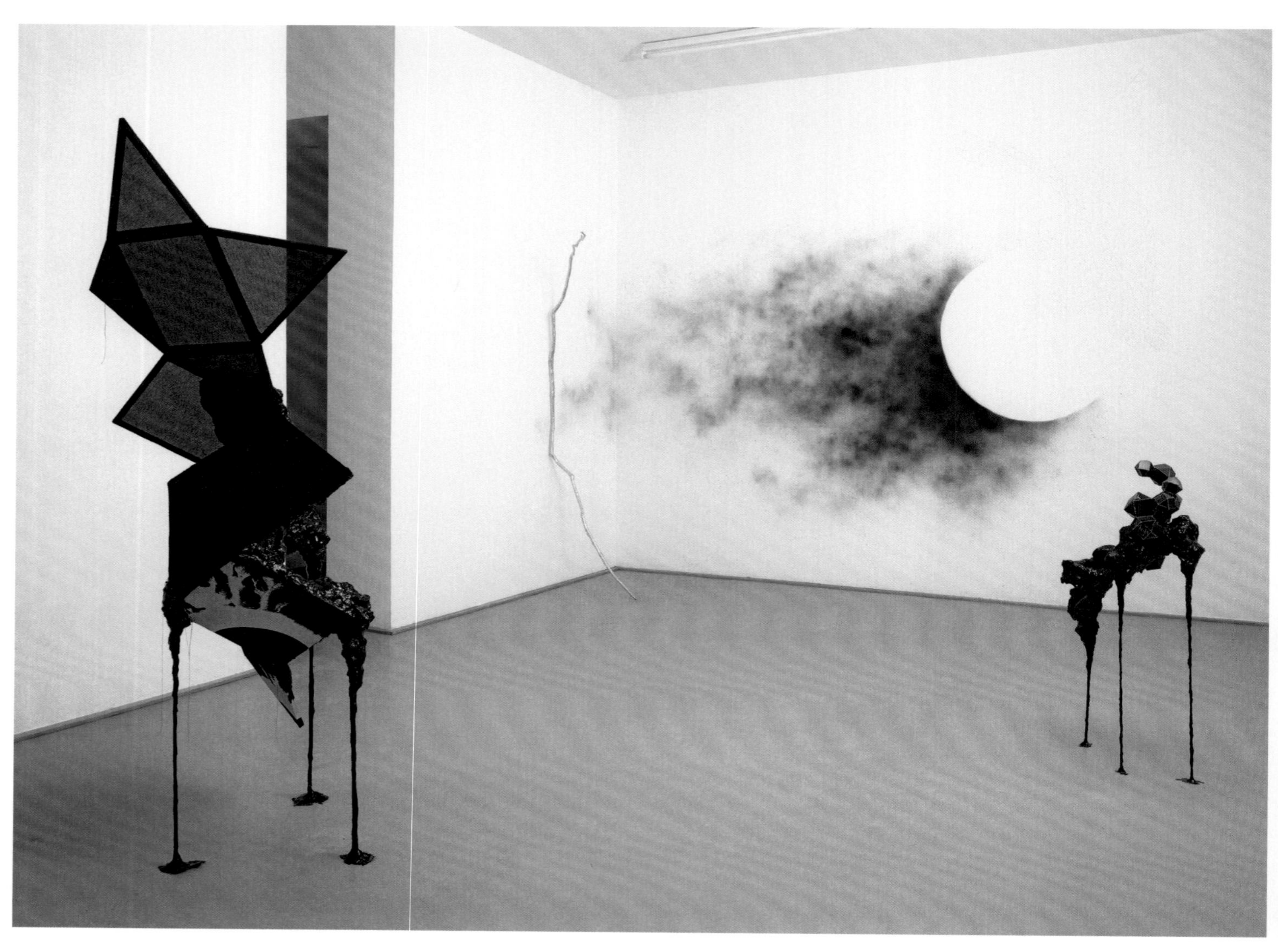

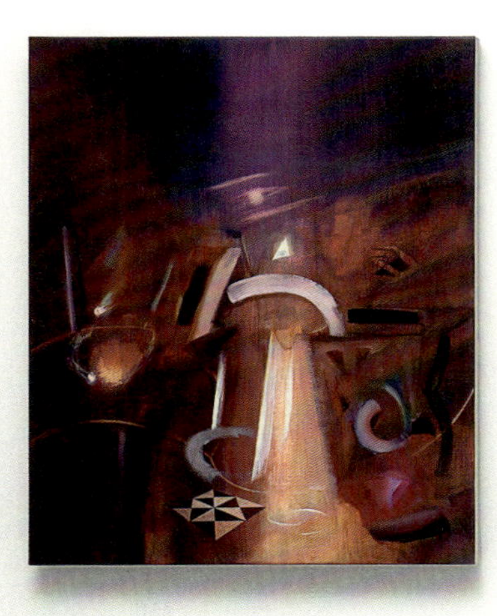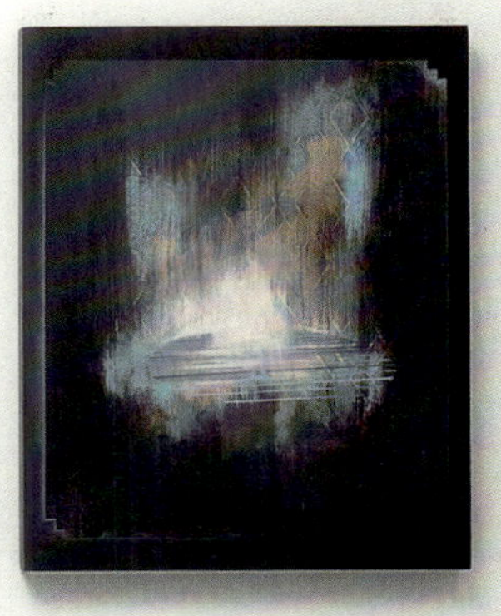

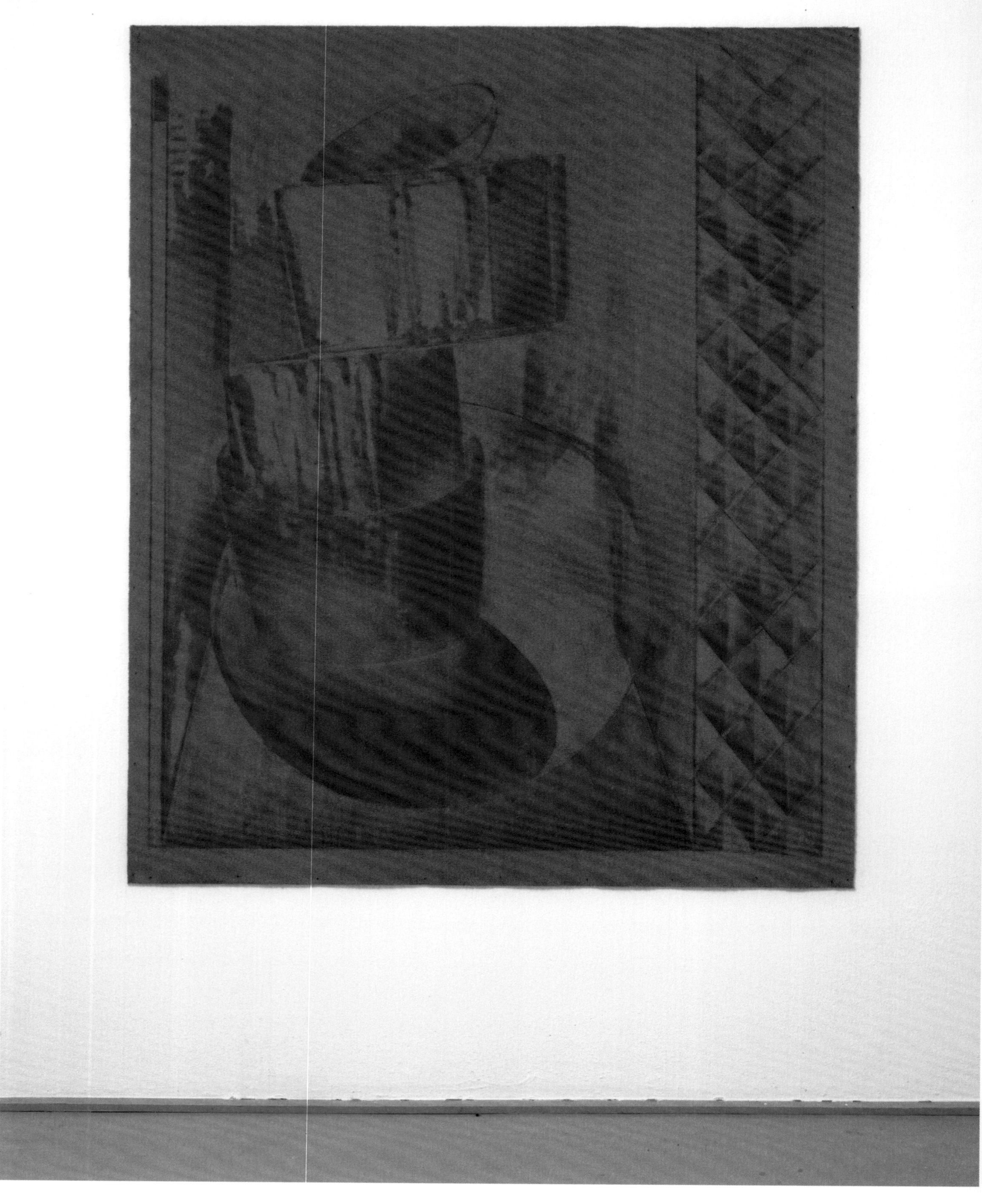

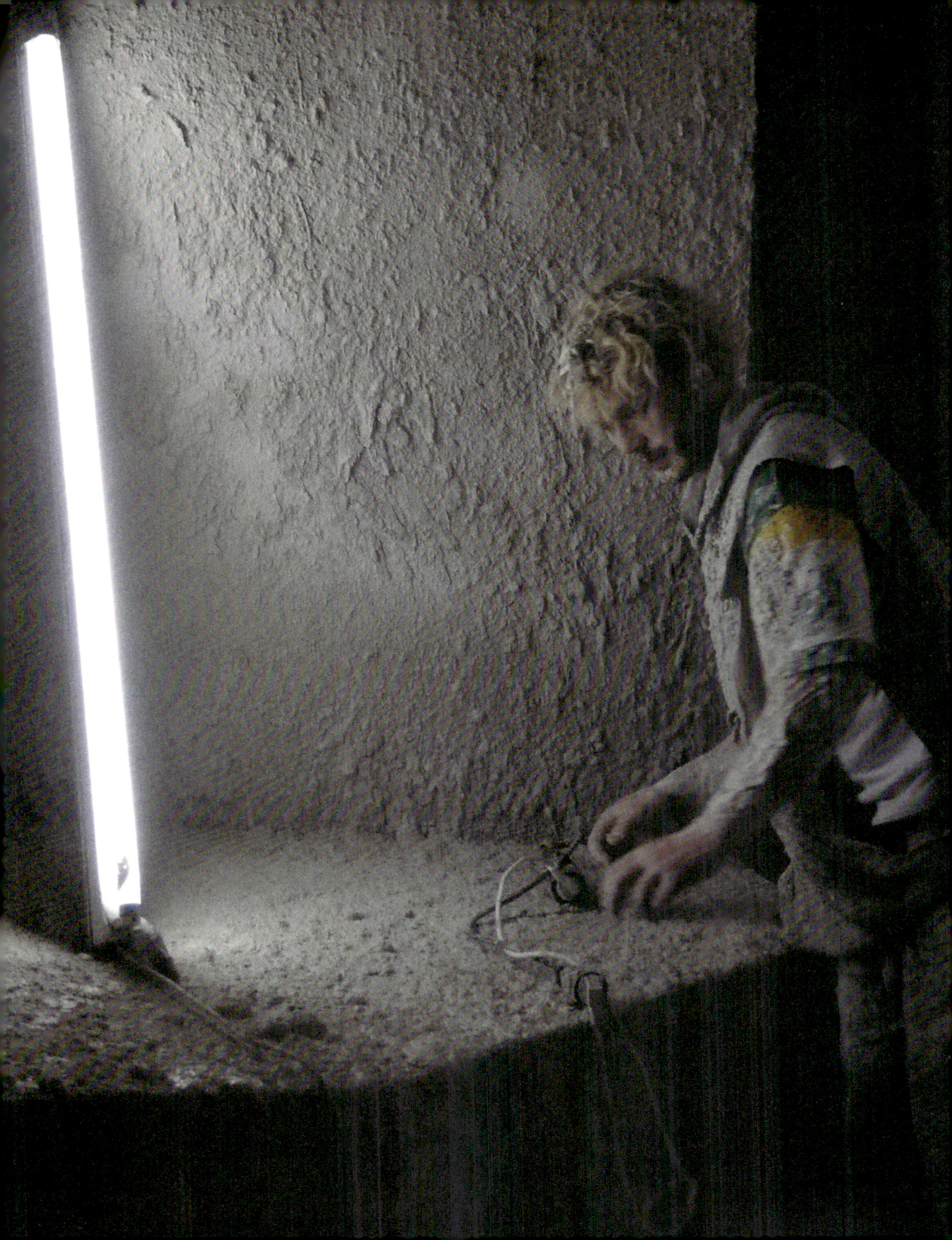

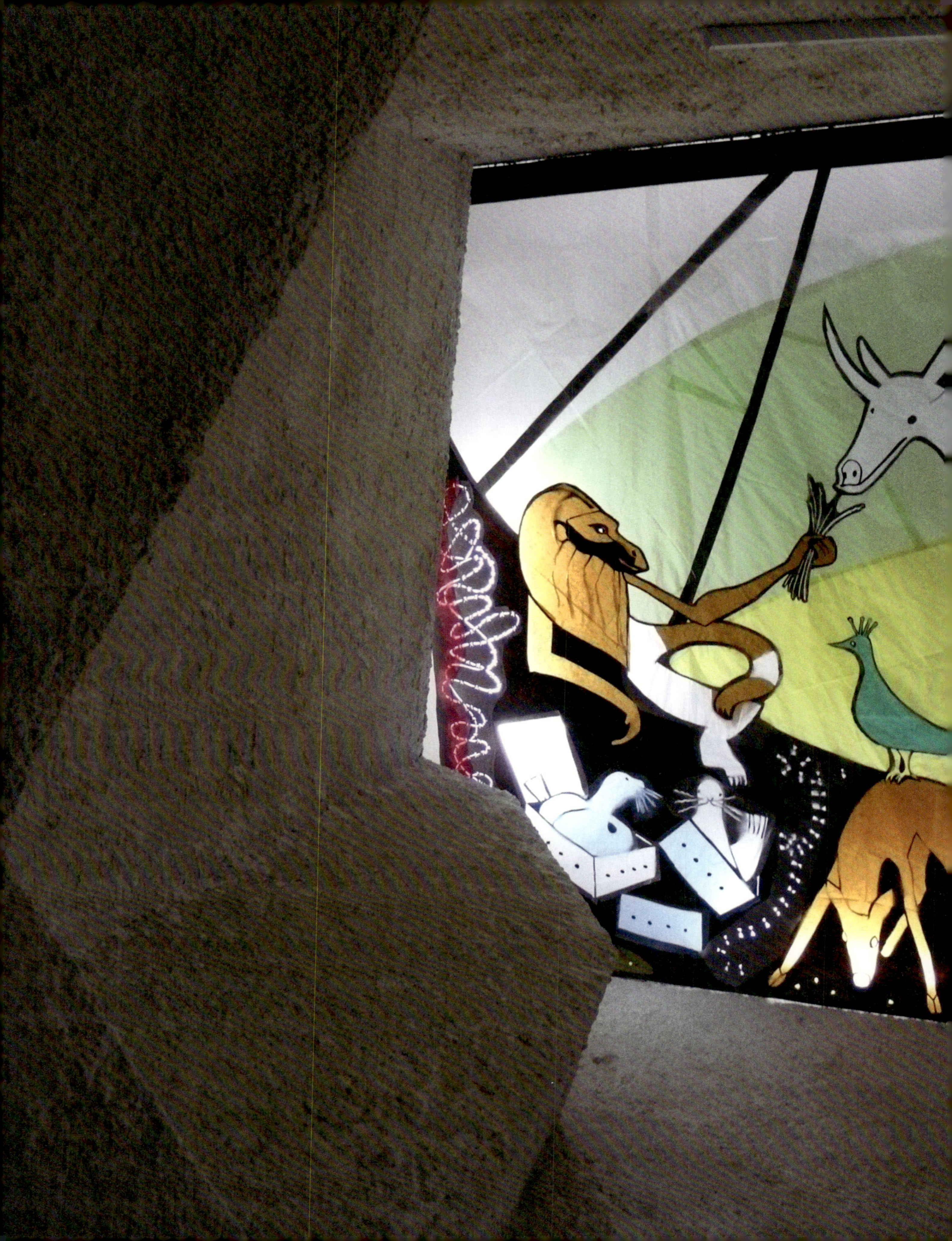

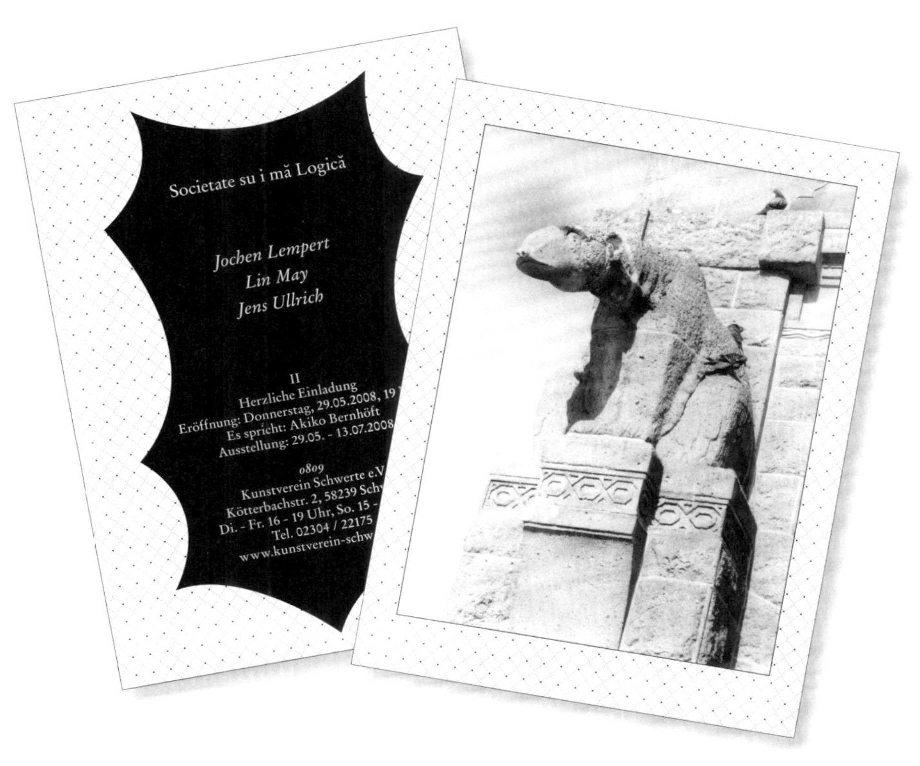

II

Societate su i mă Logică

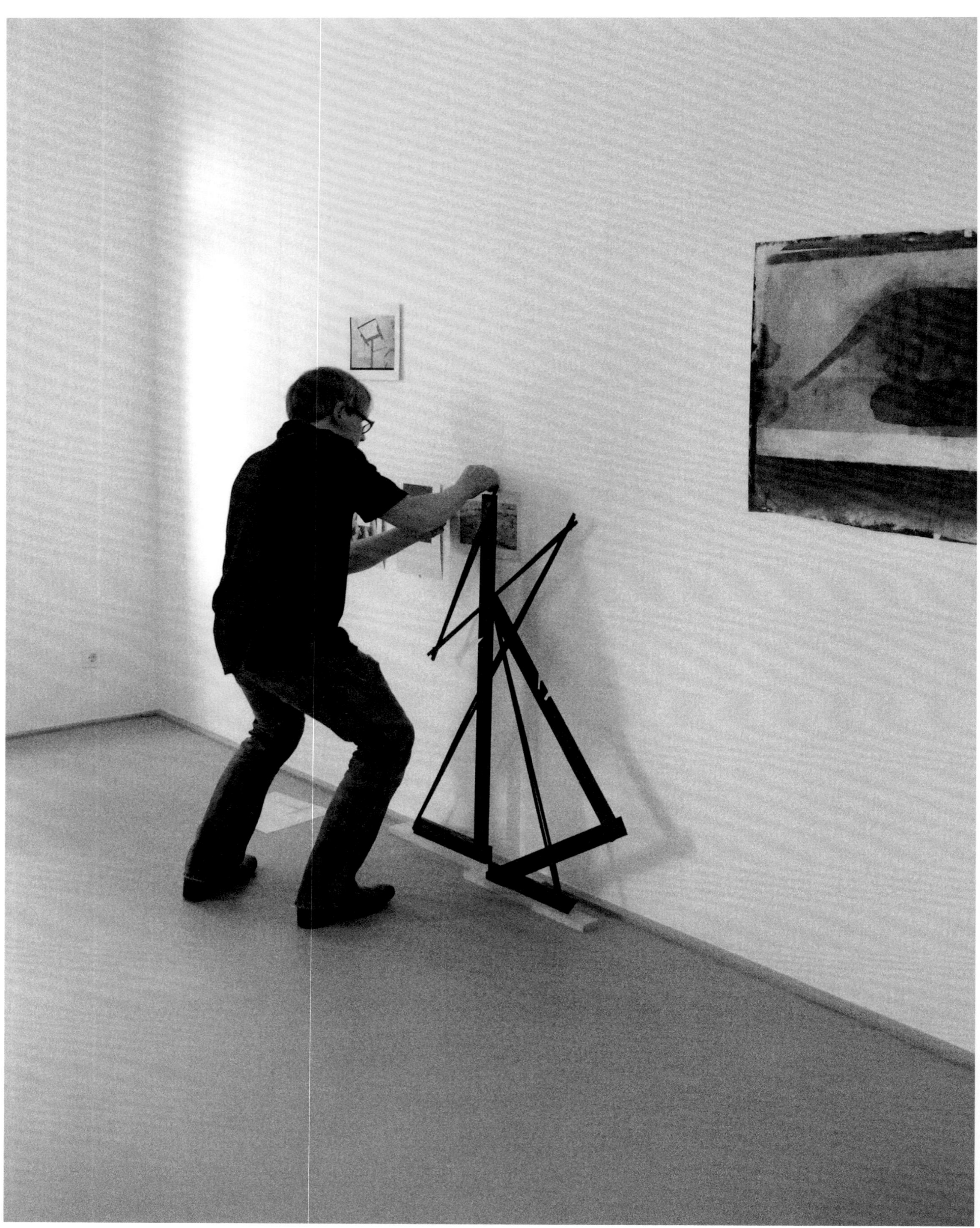

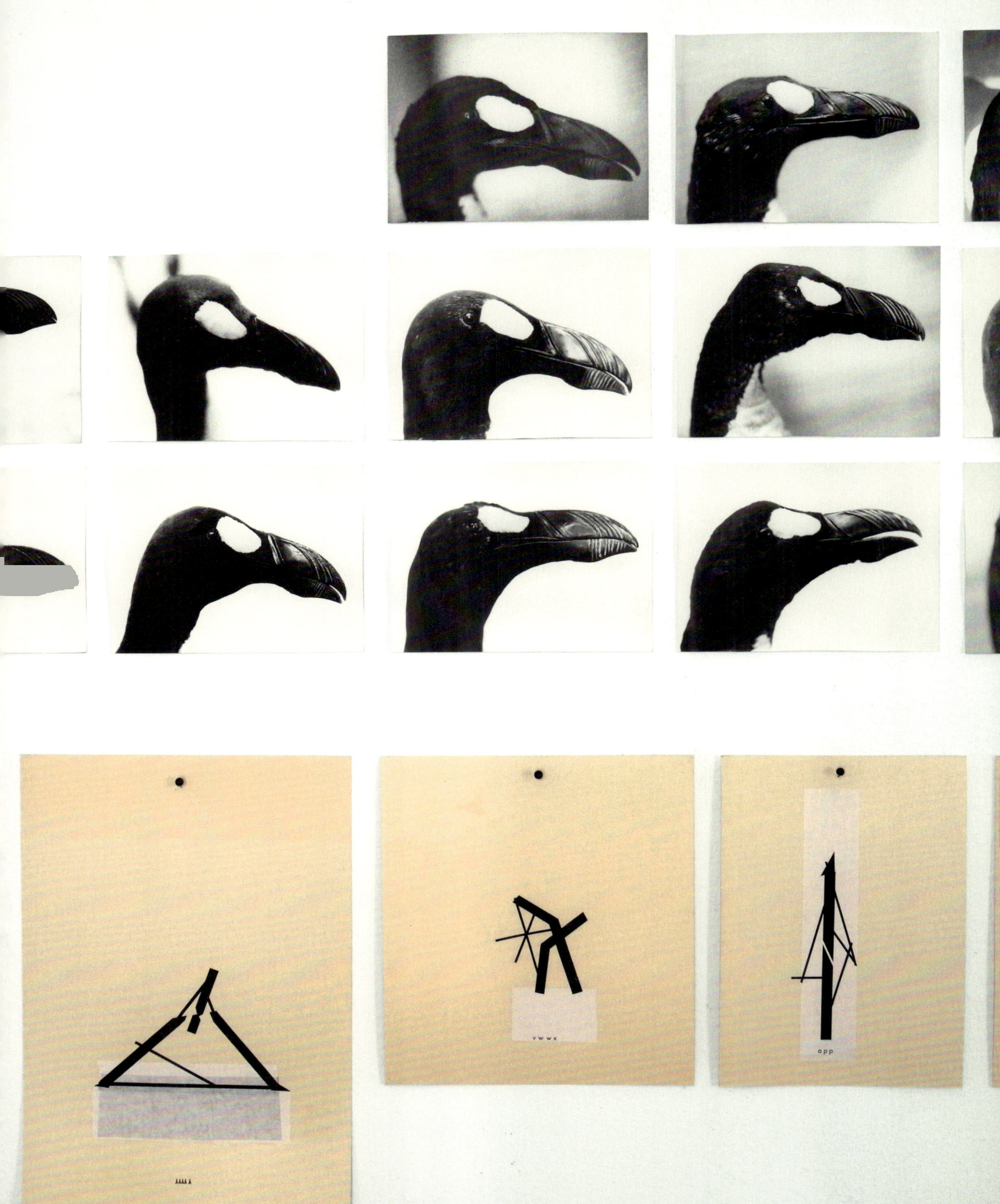

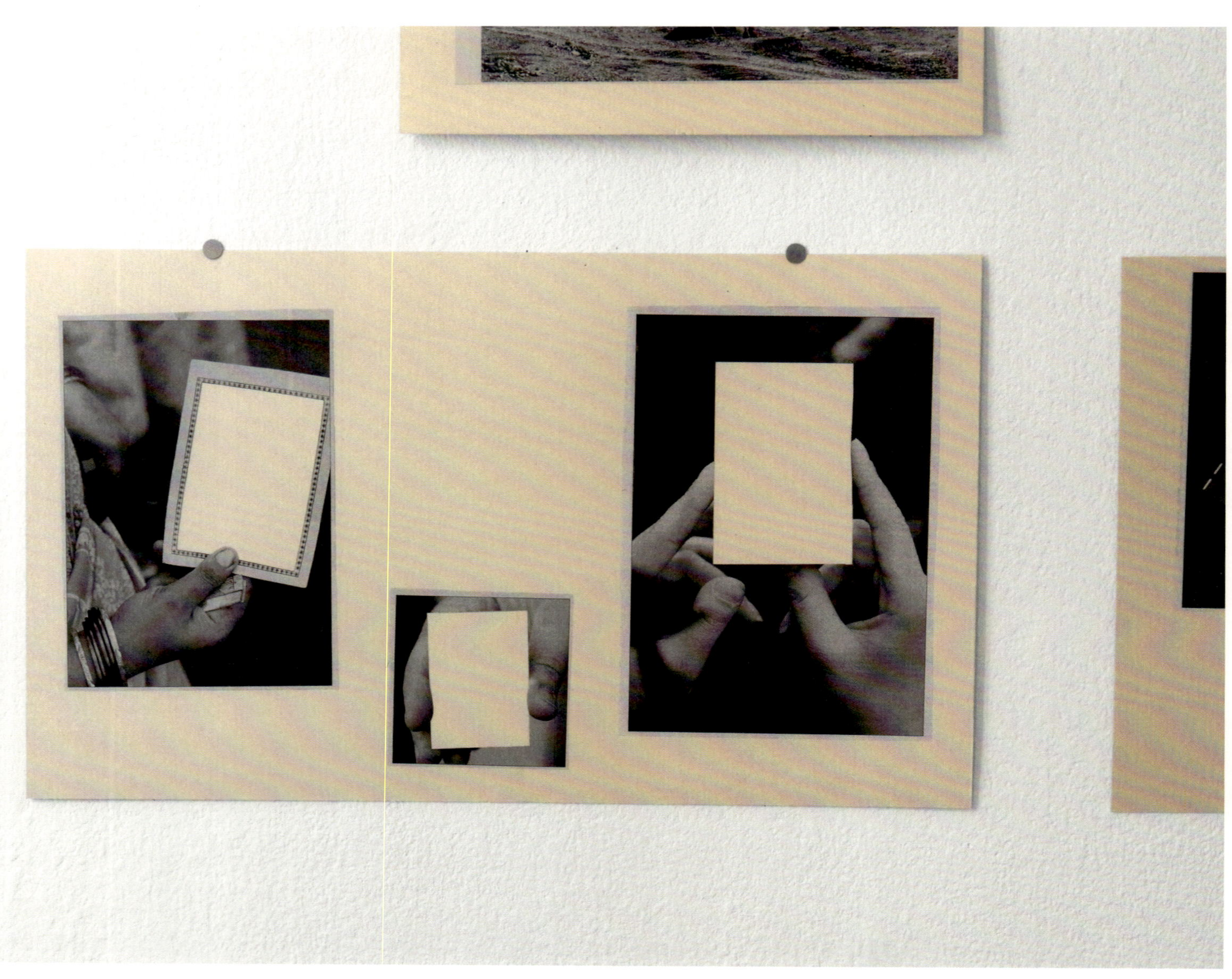

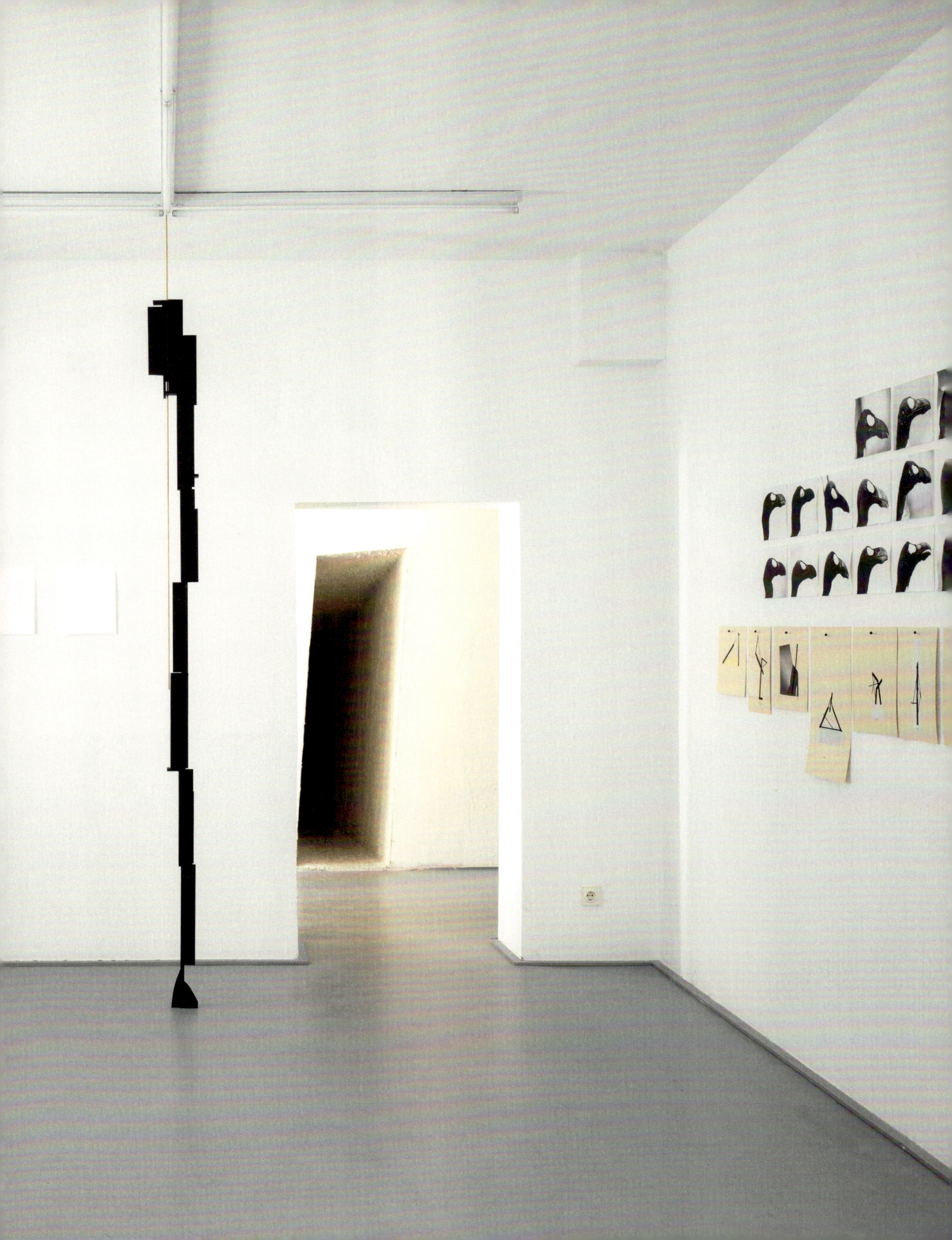

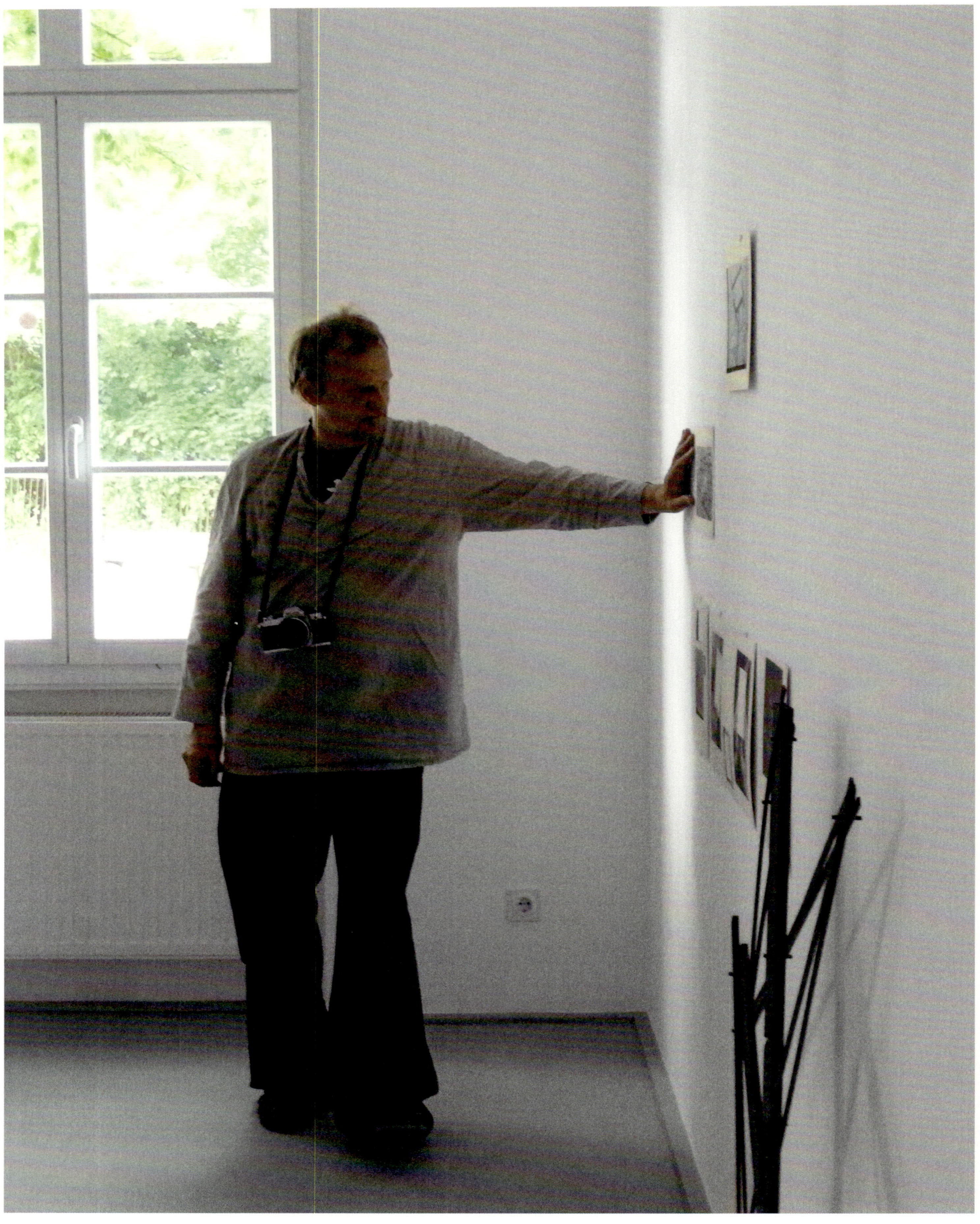

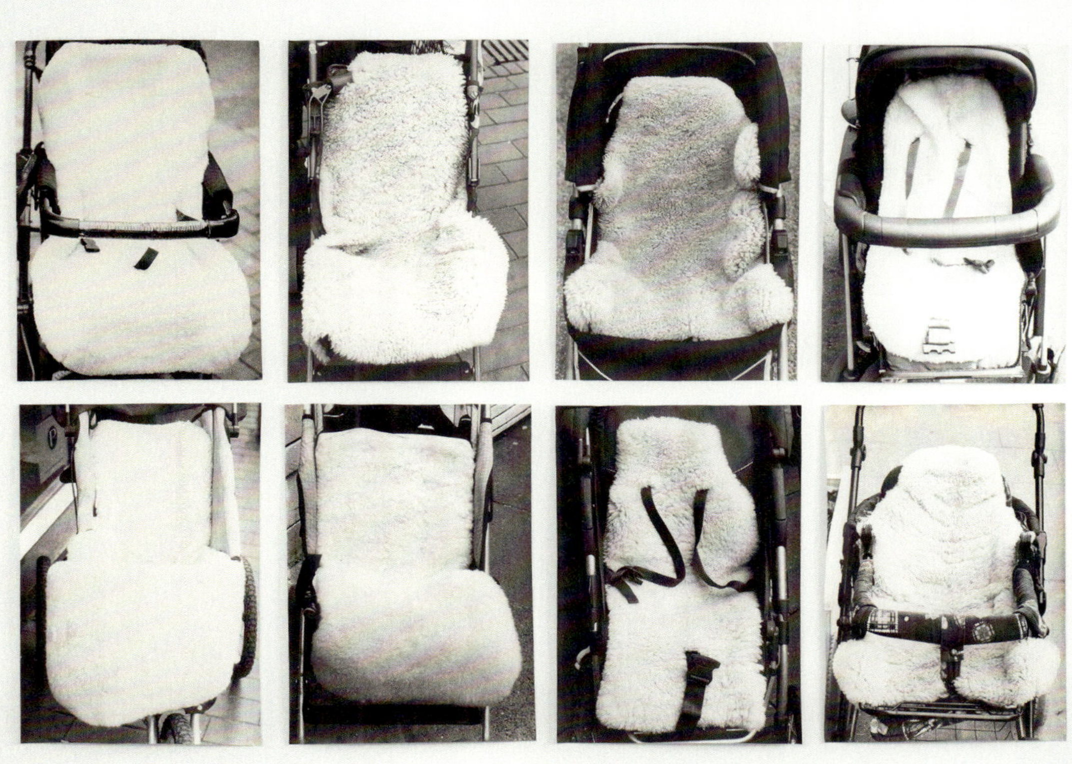

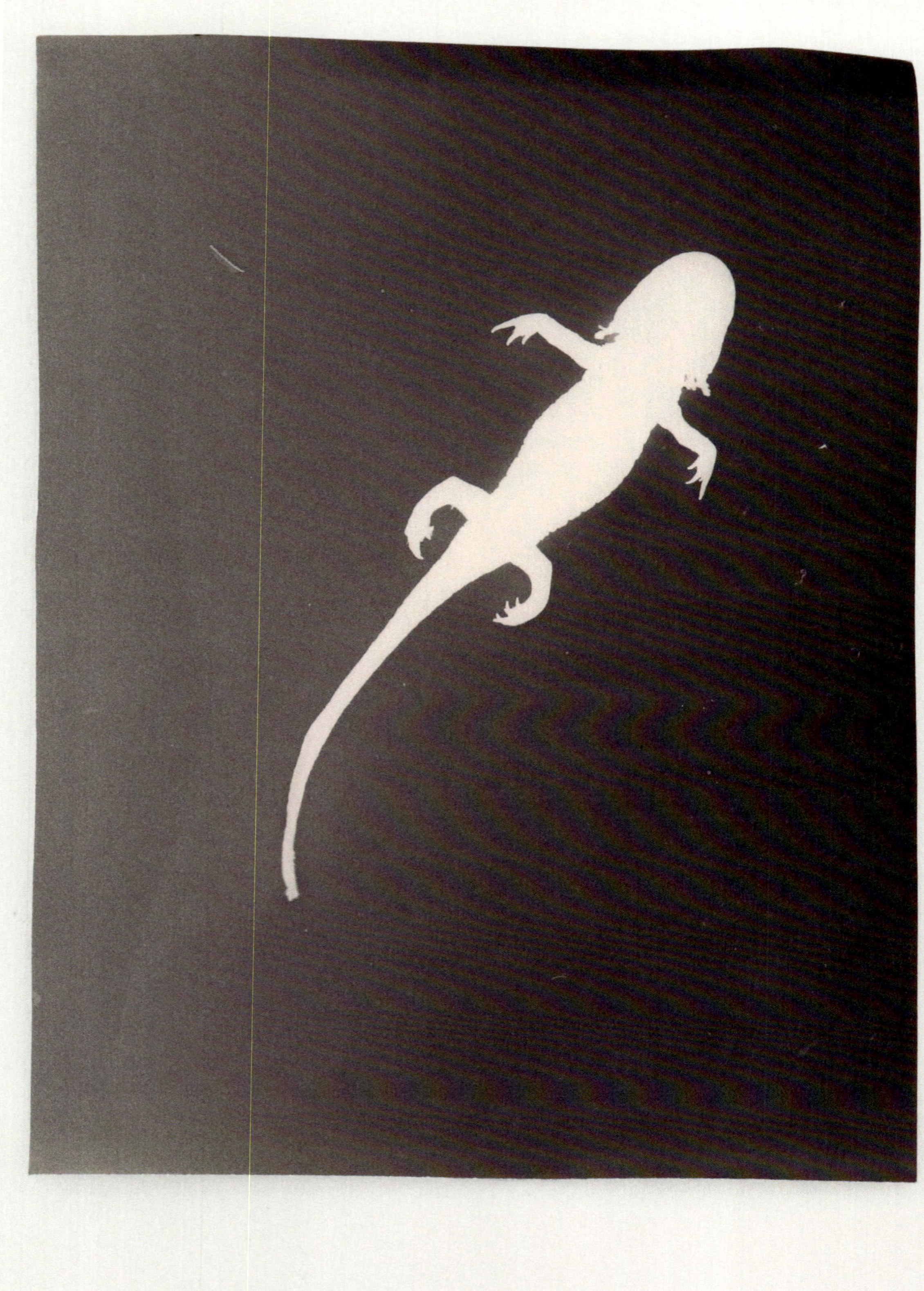

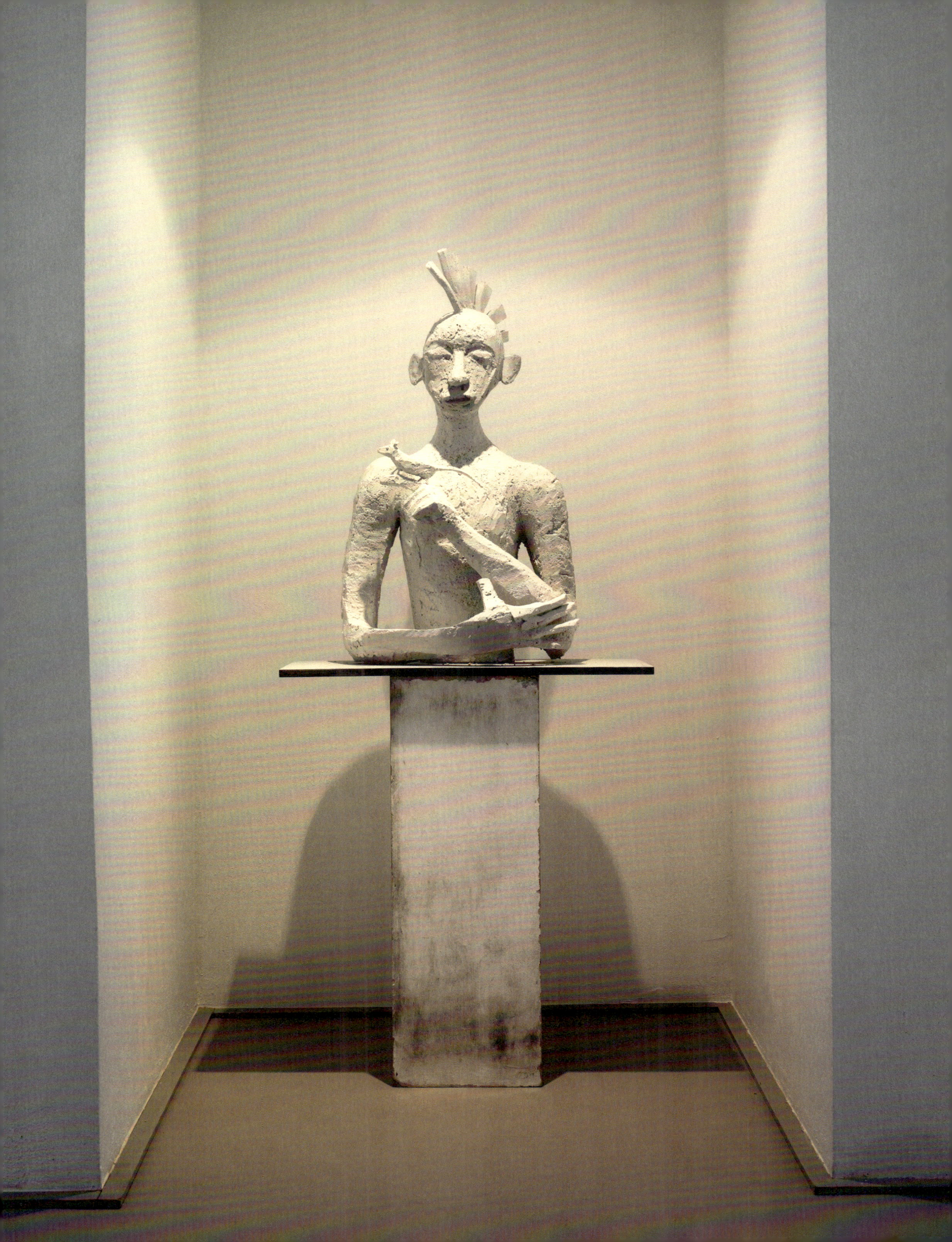

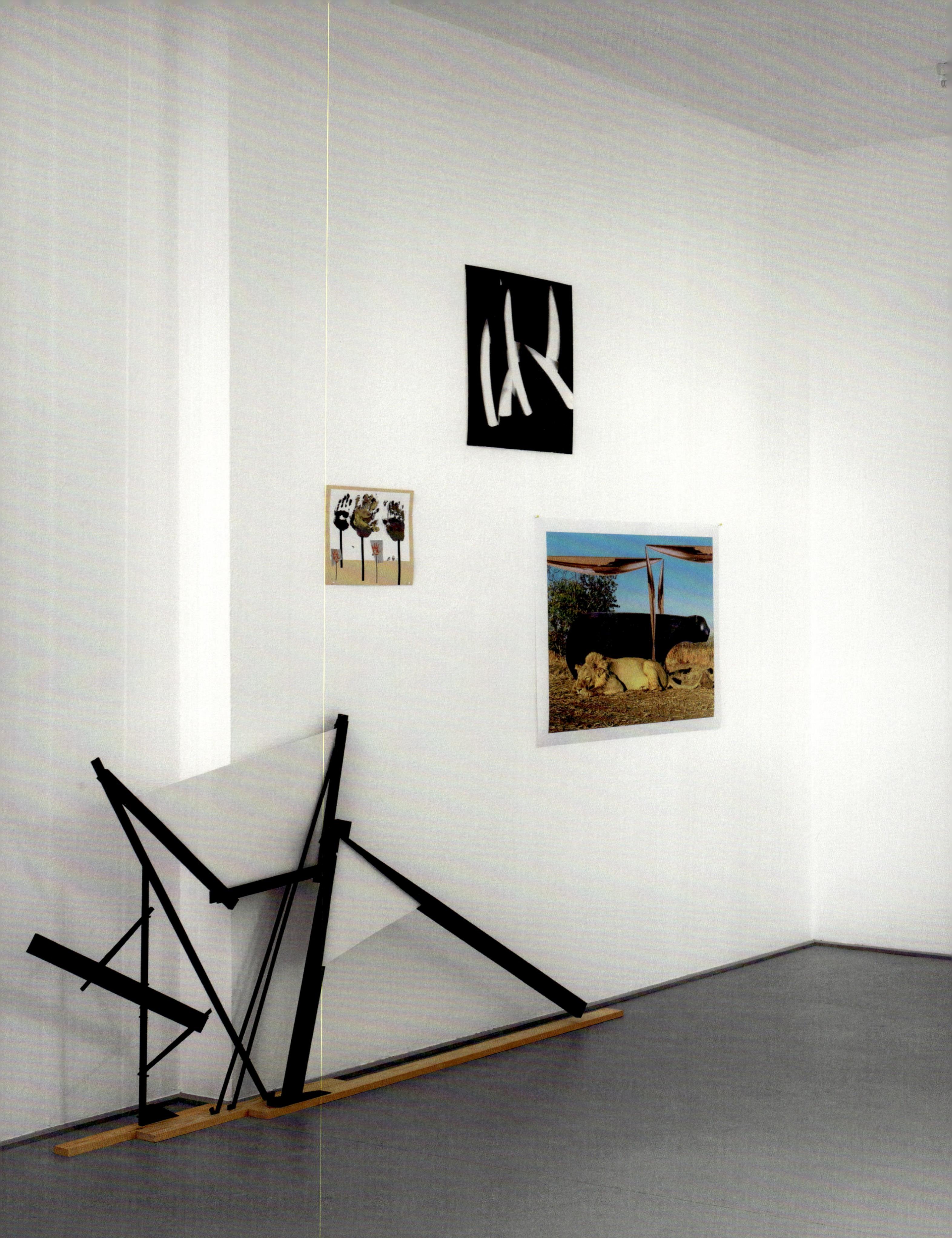

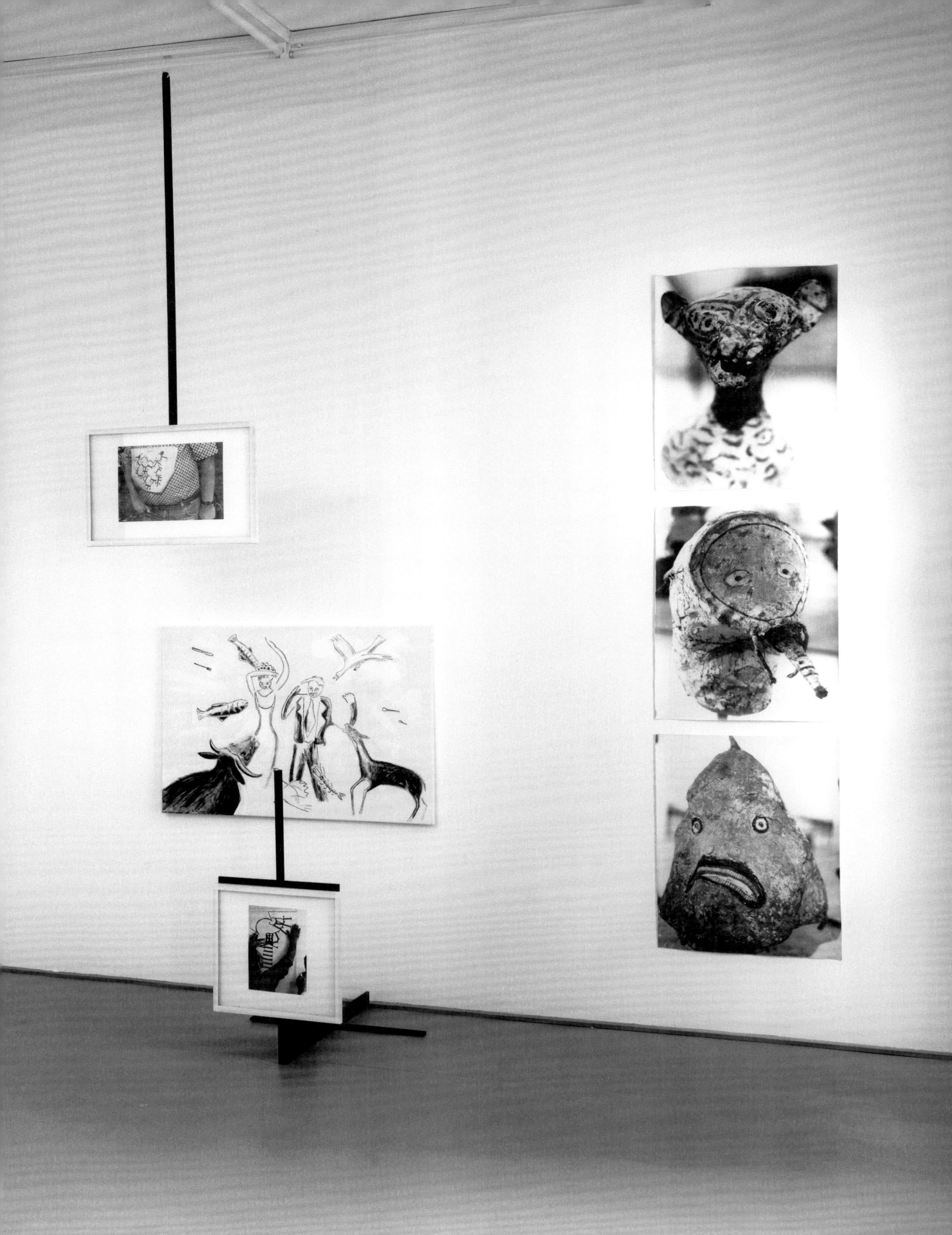

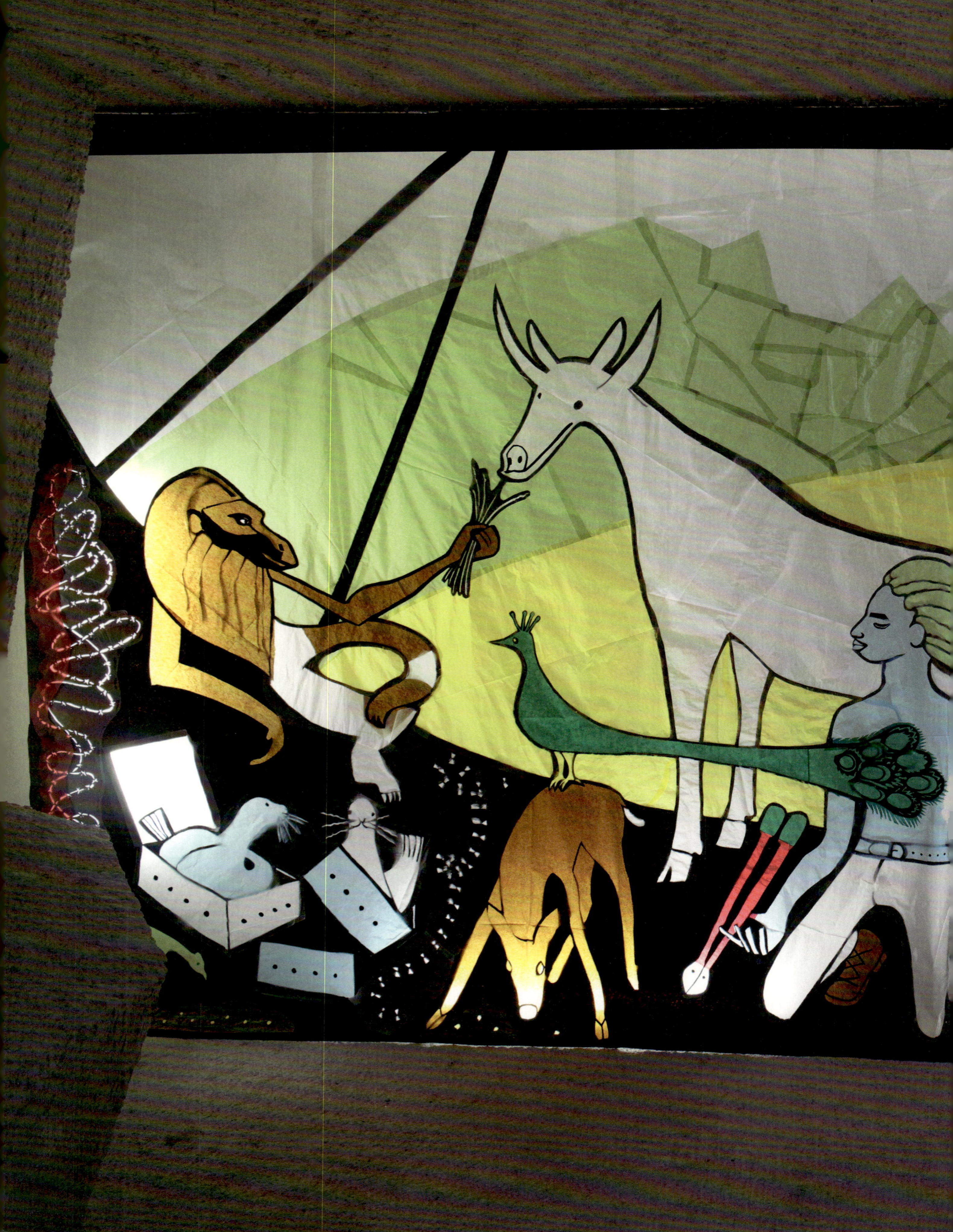

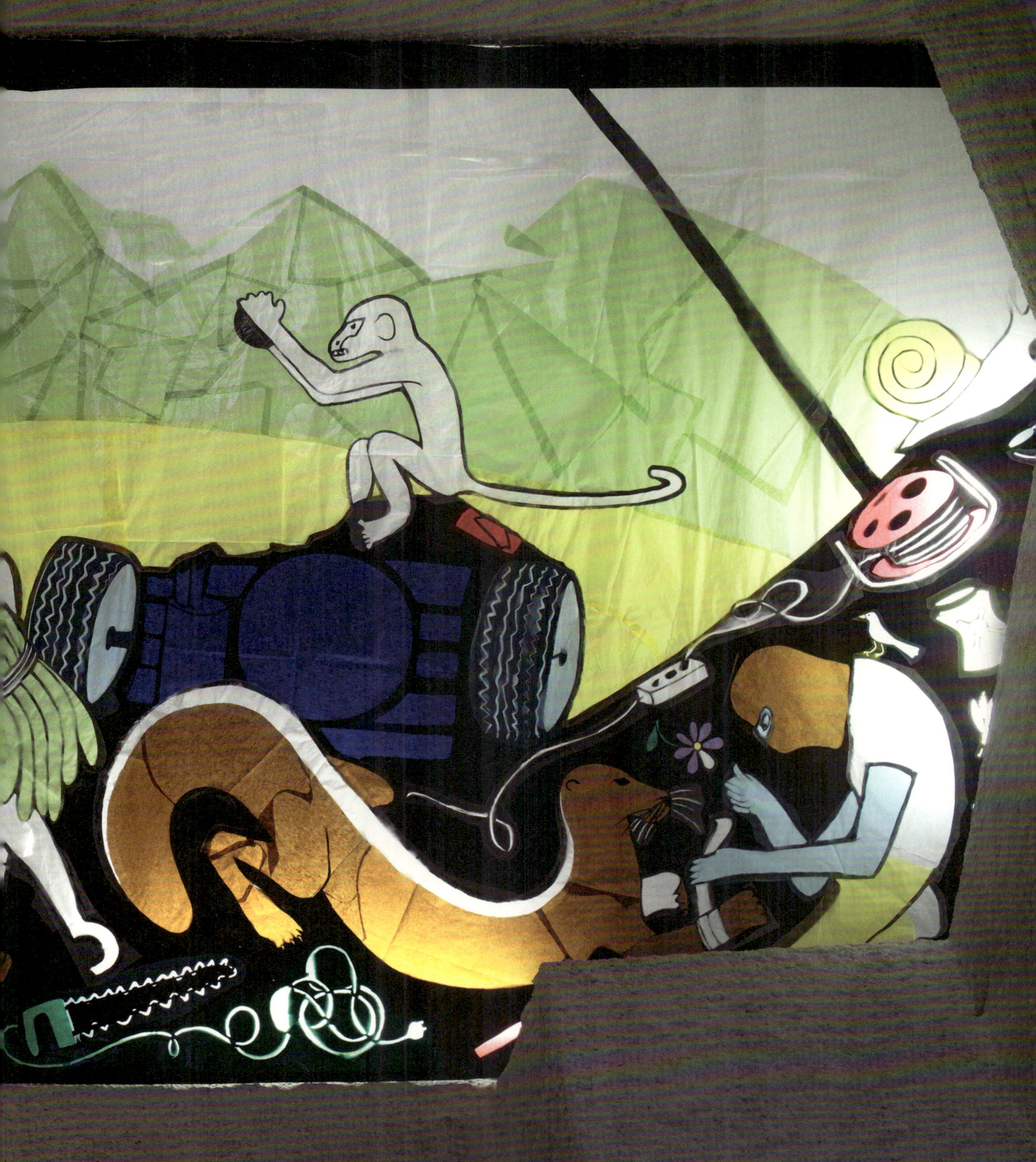

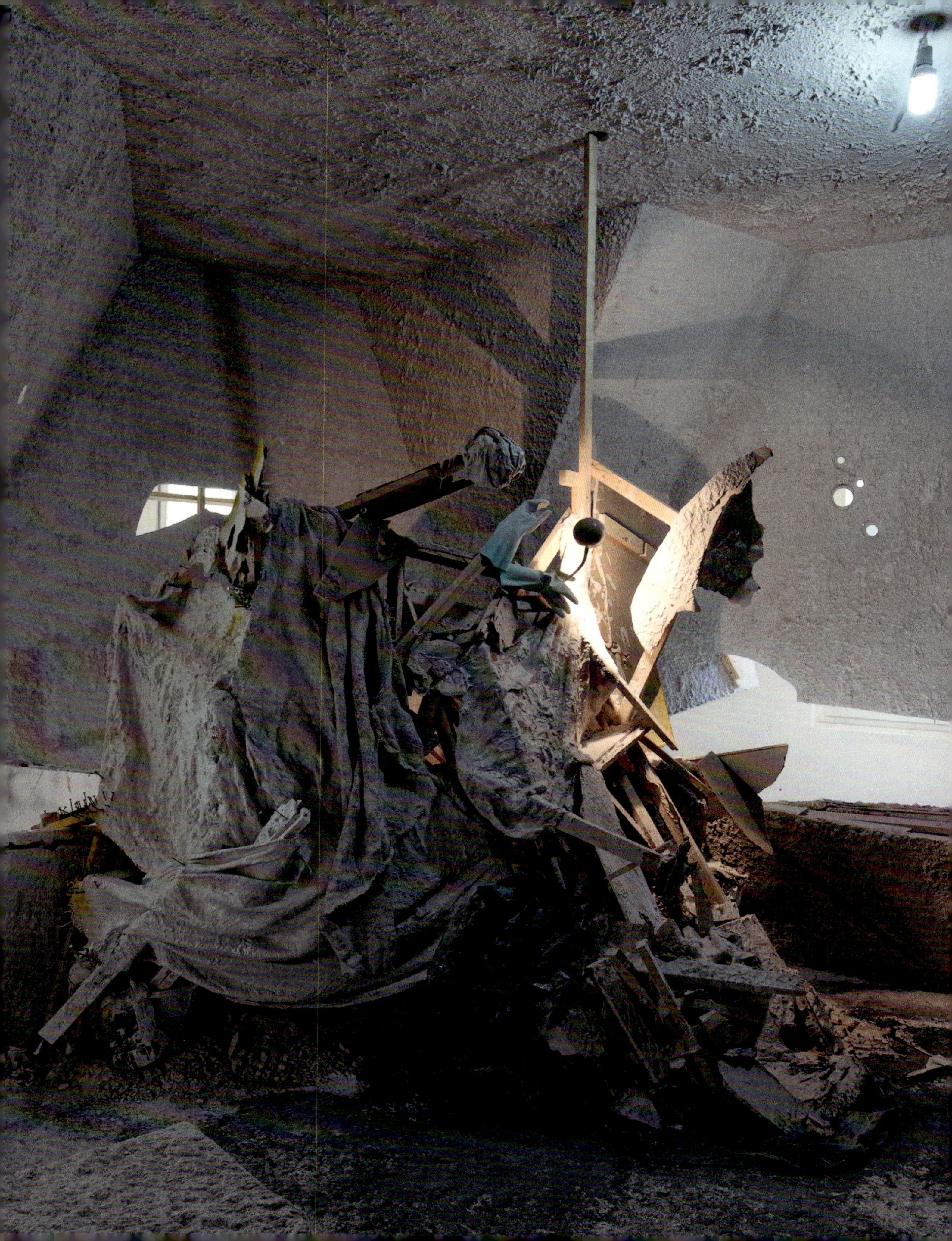

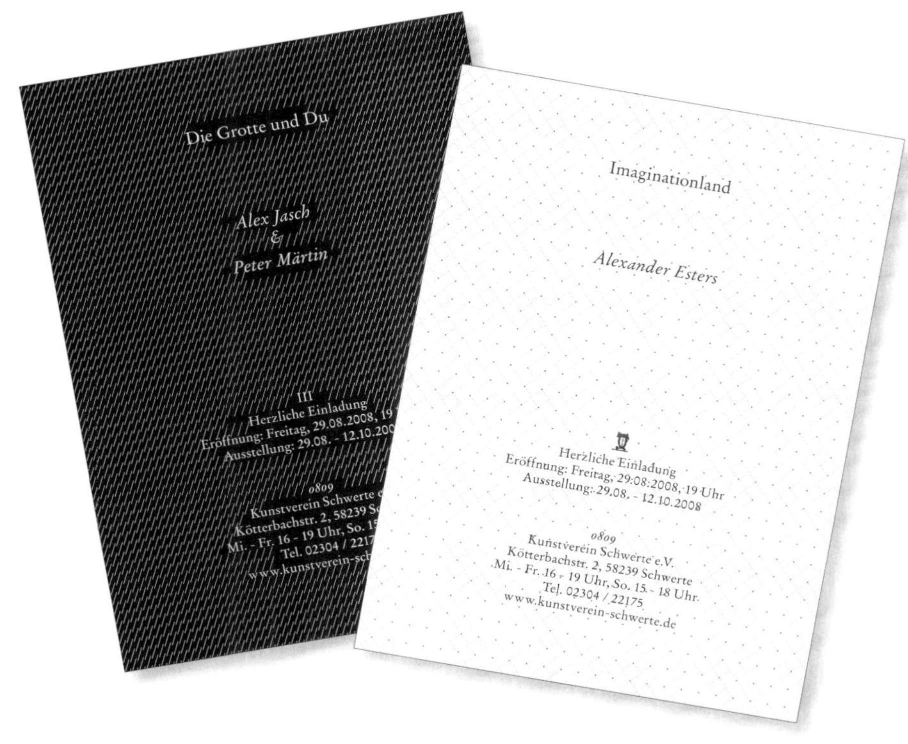

III

Die Grotte und Du
&
Imaginationland

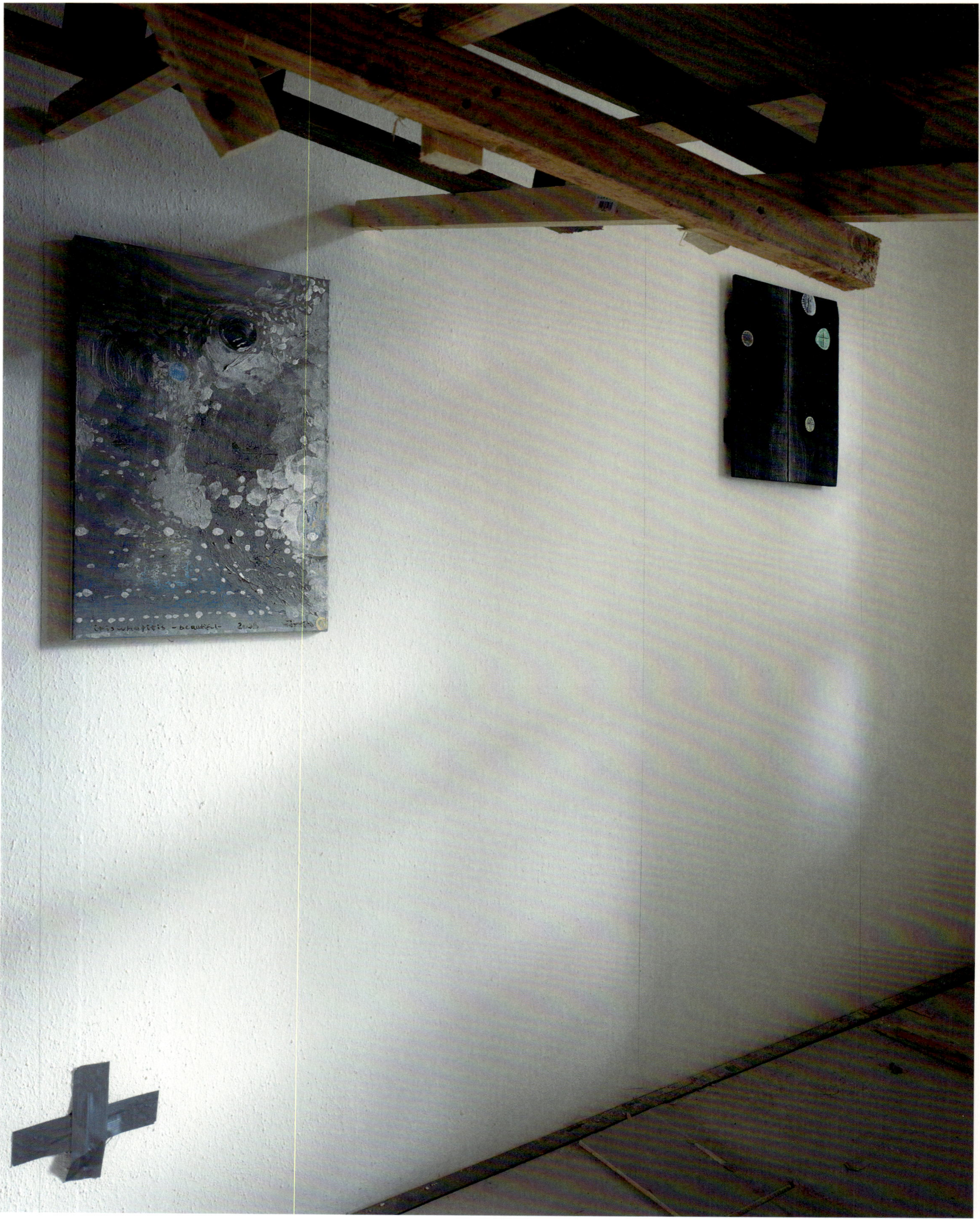

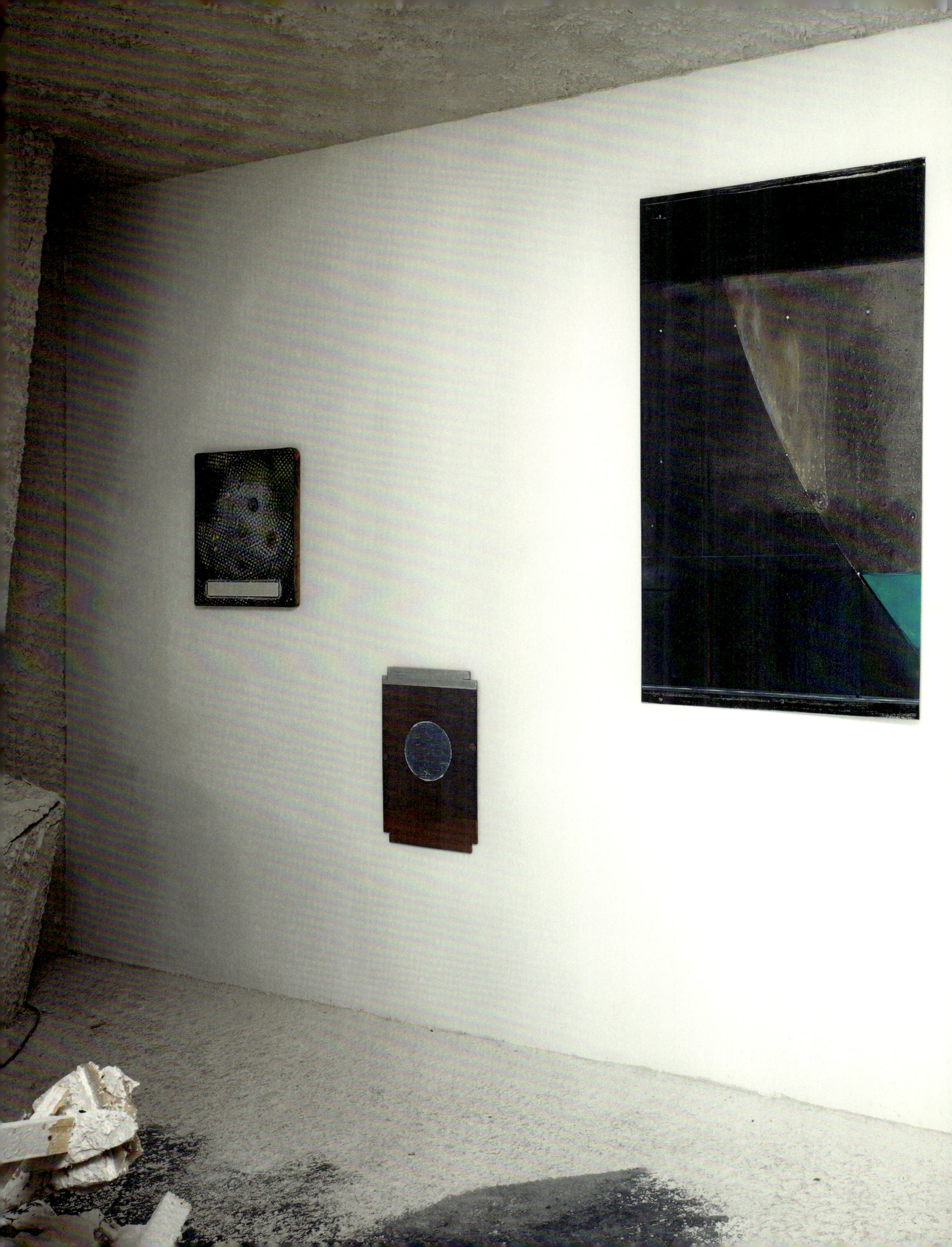

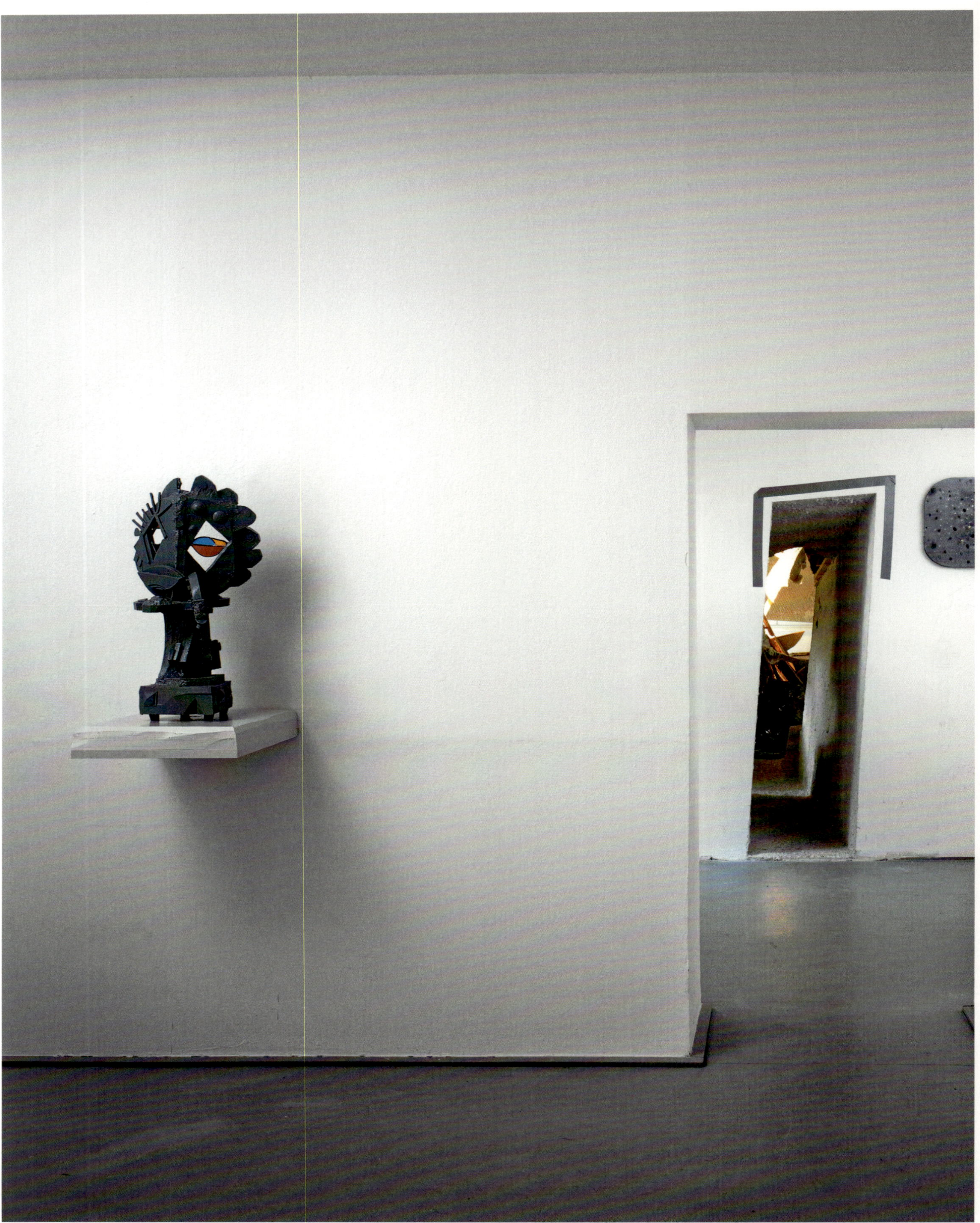

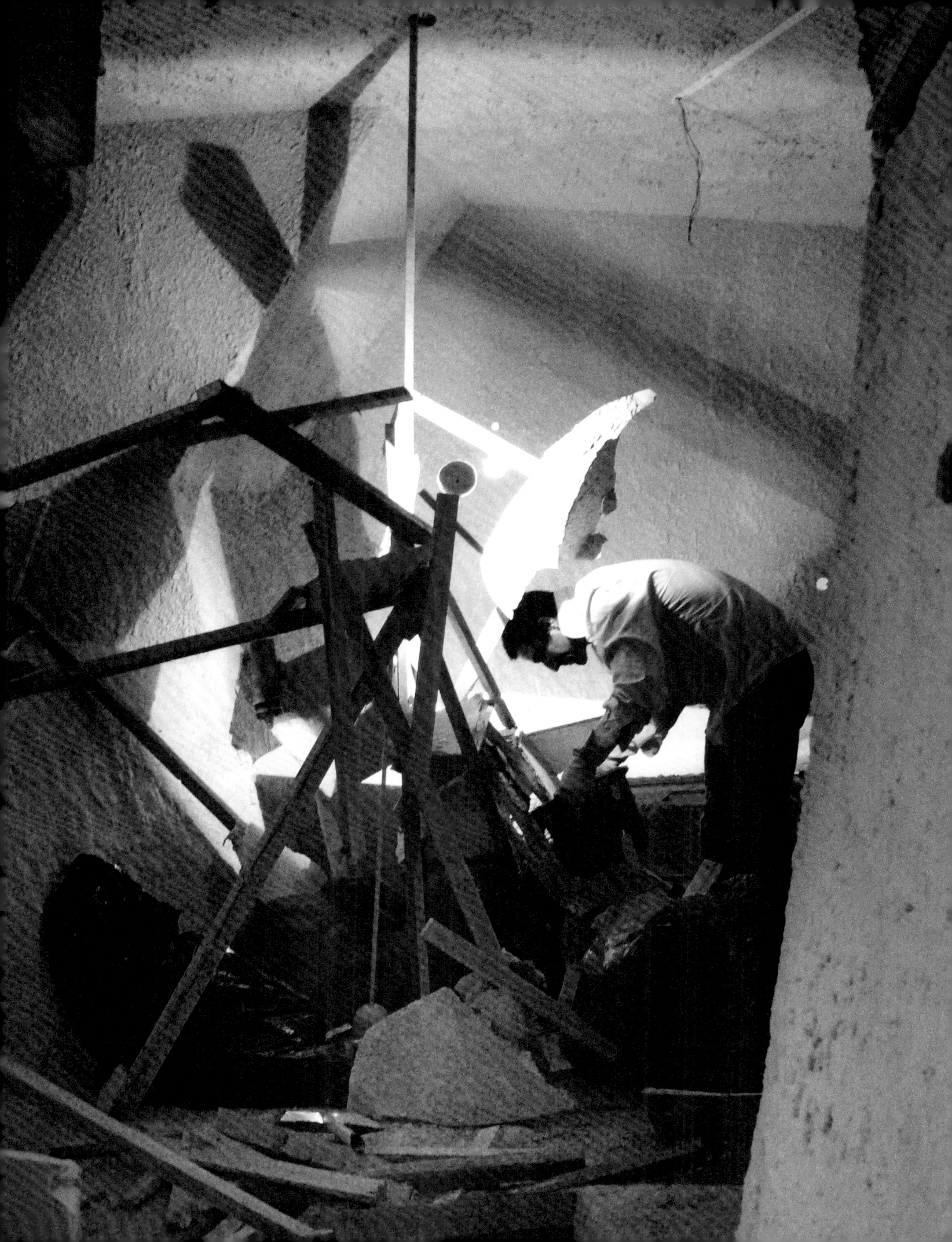

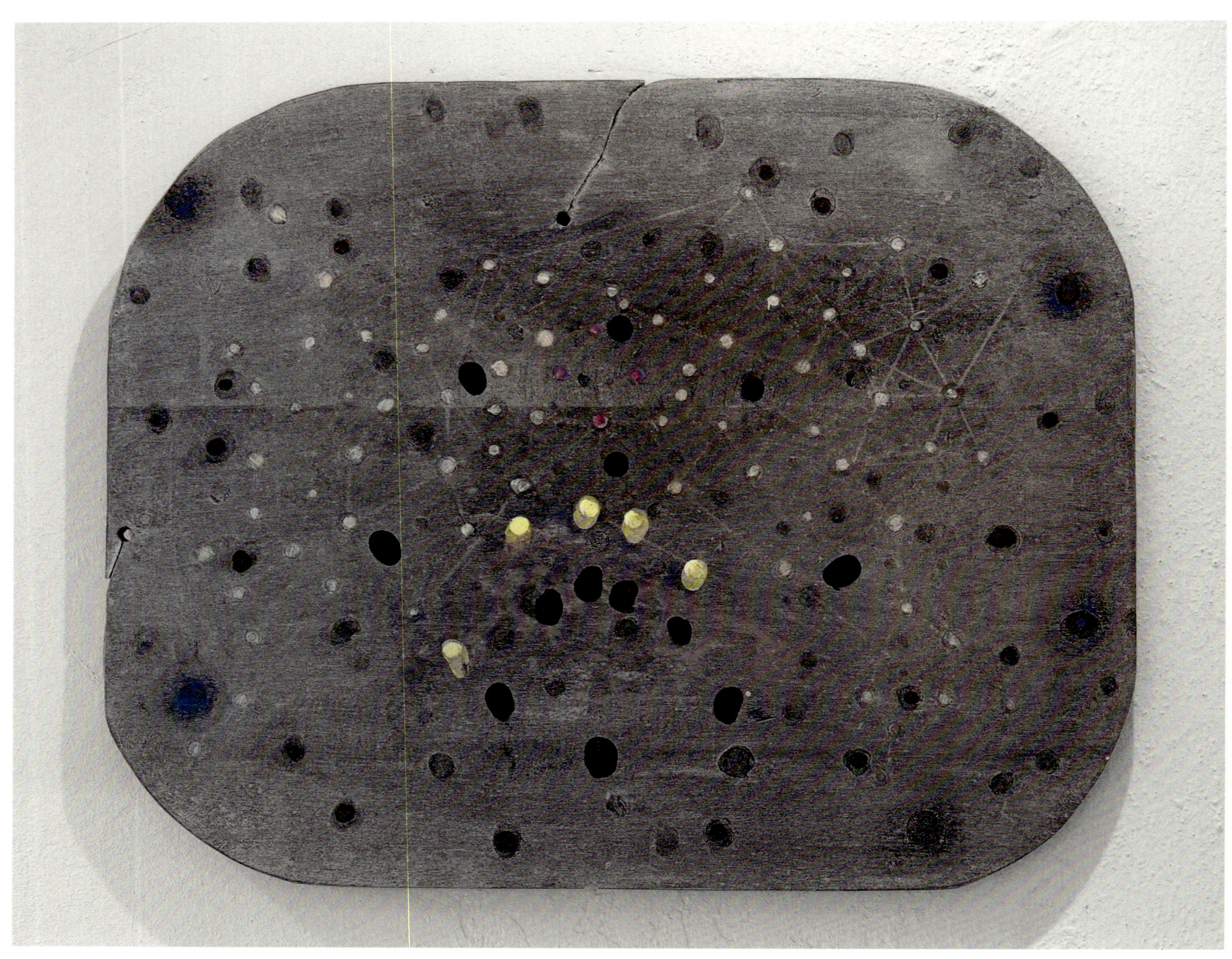

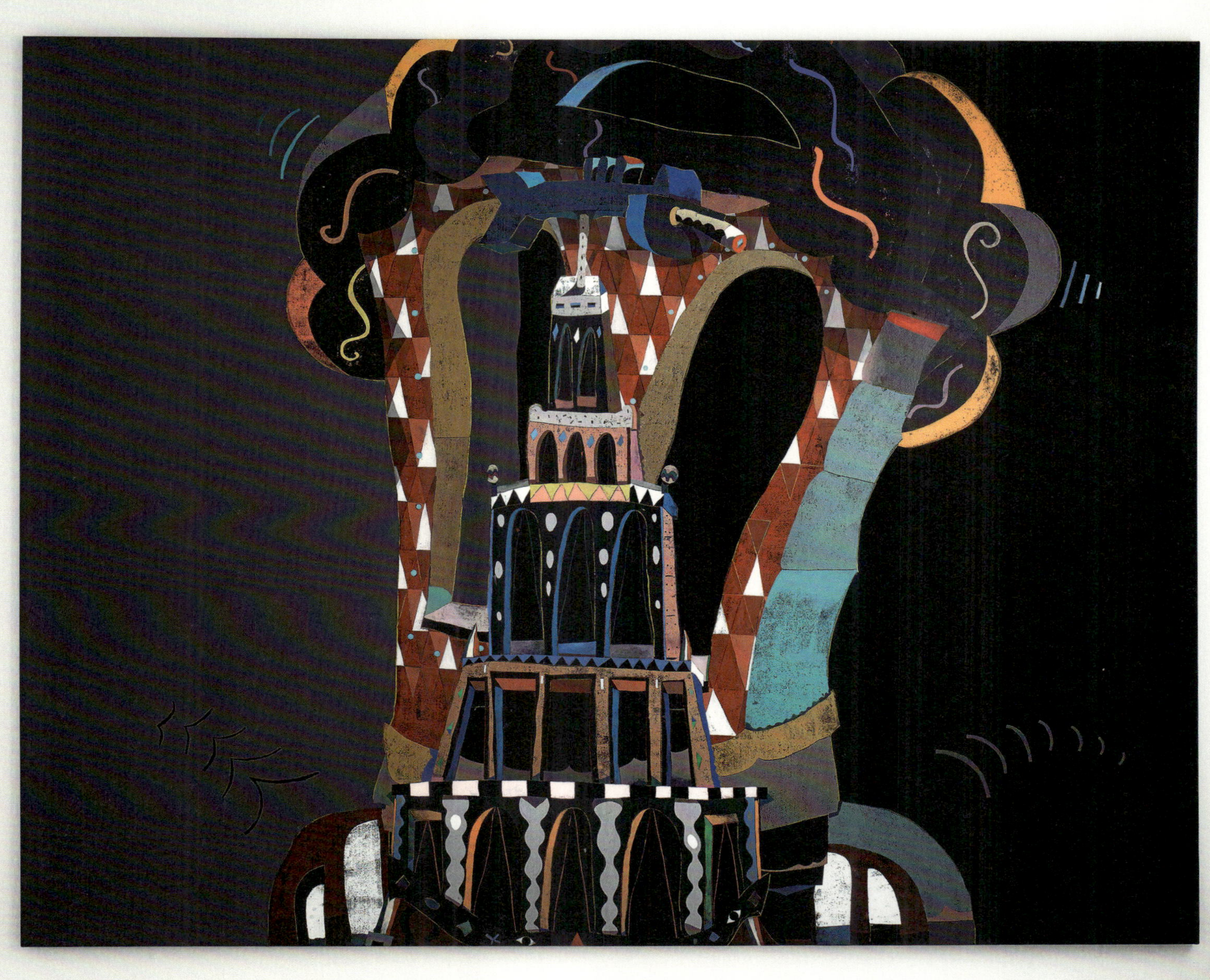

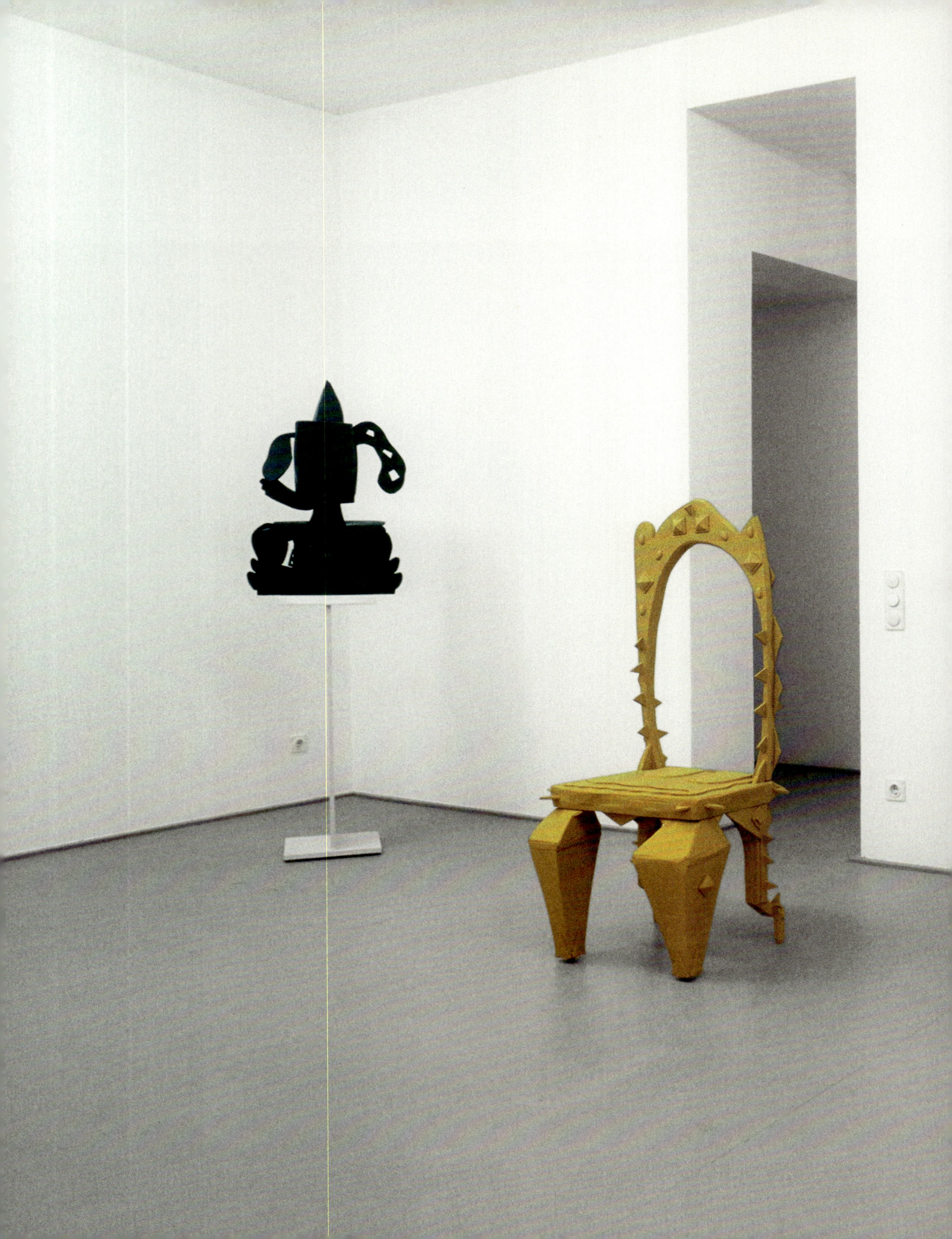

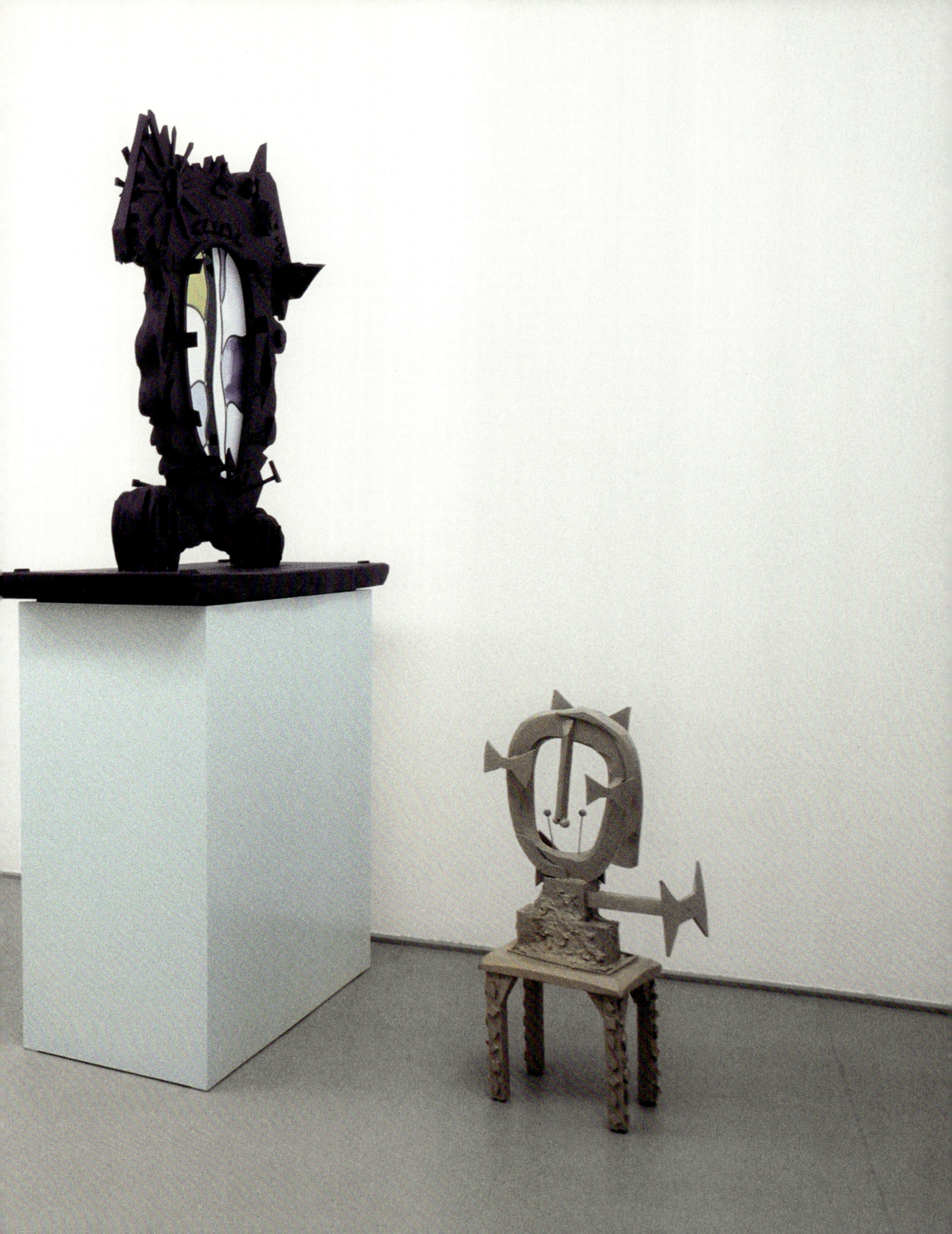

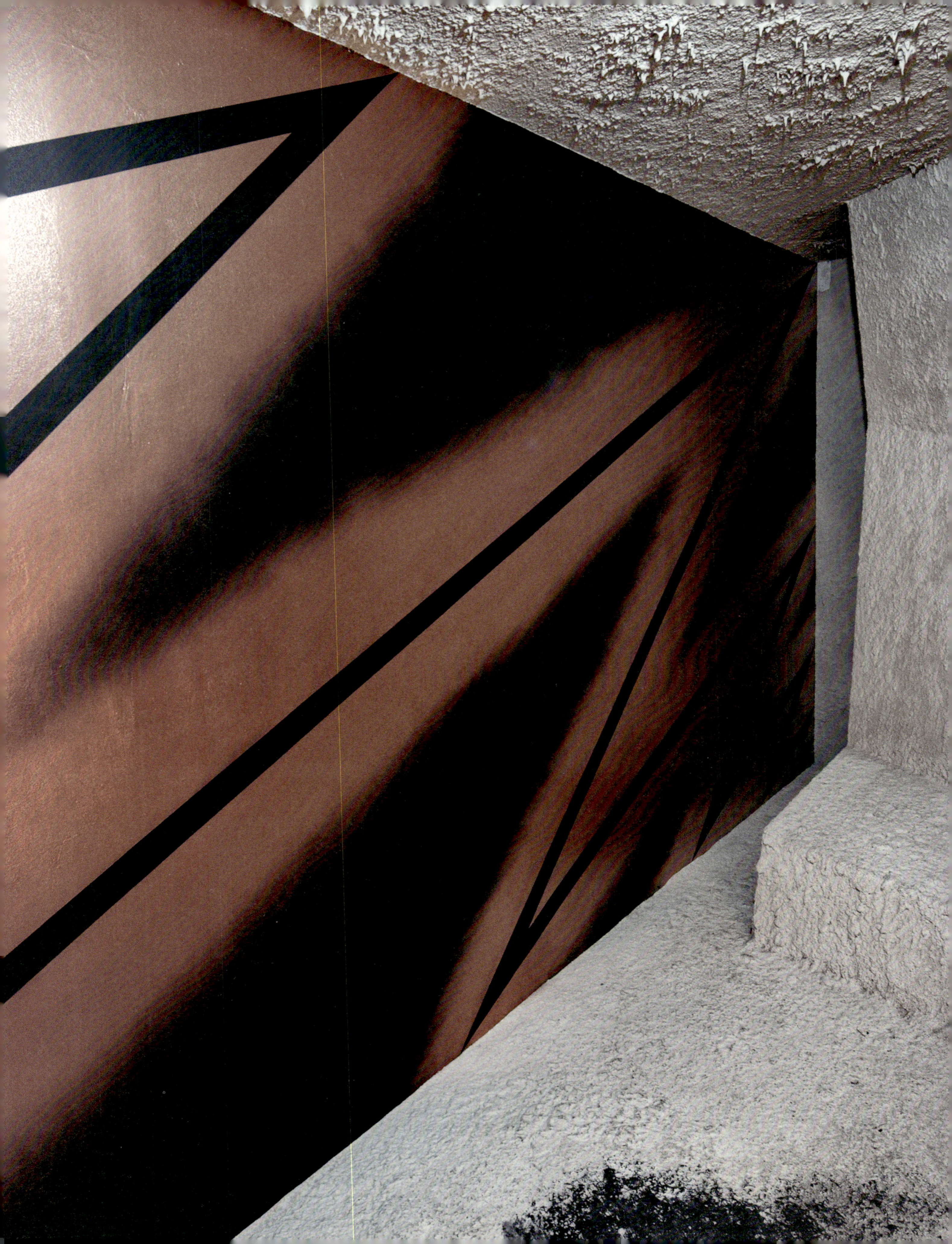

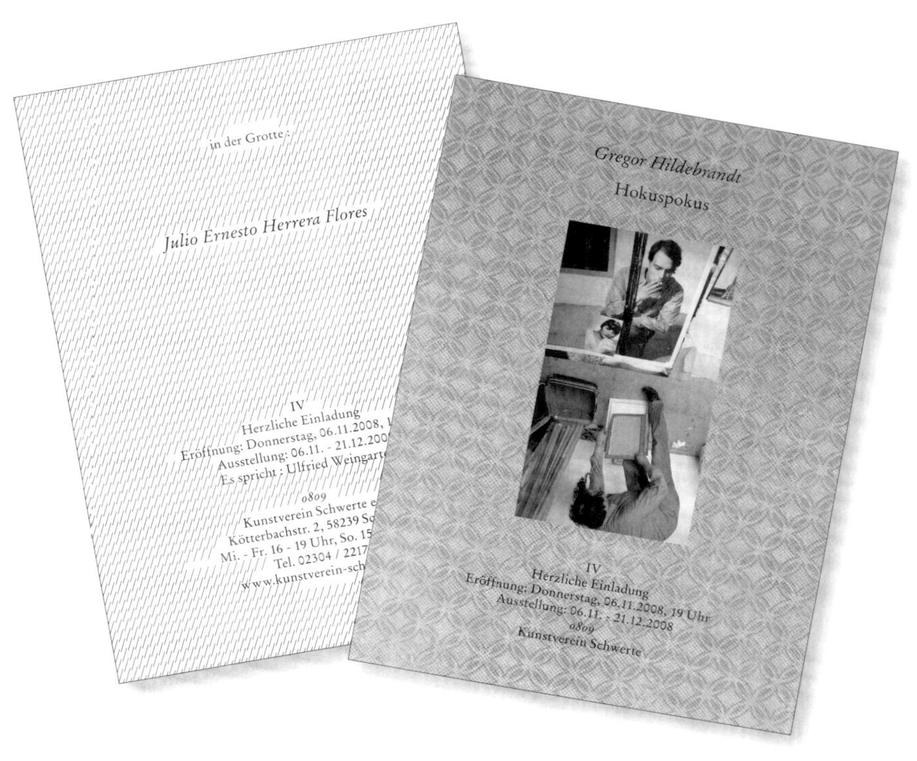

IV

Hokuspokus
&
in der Grotte:

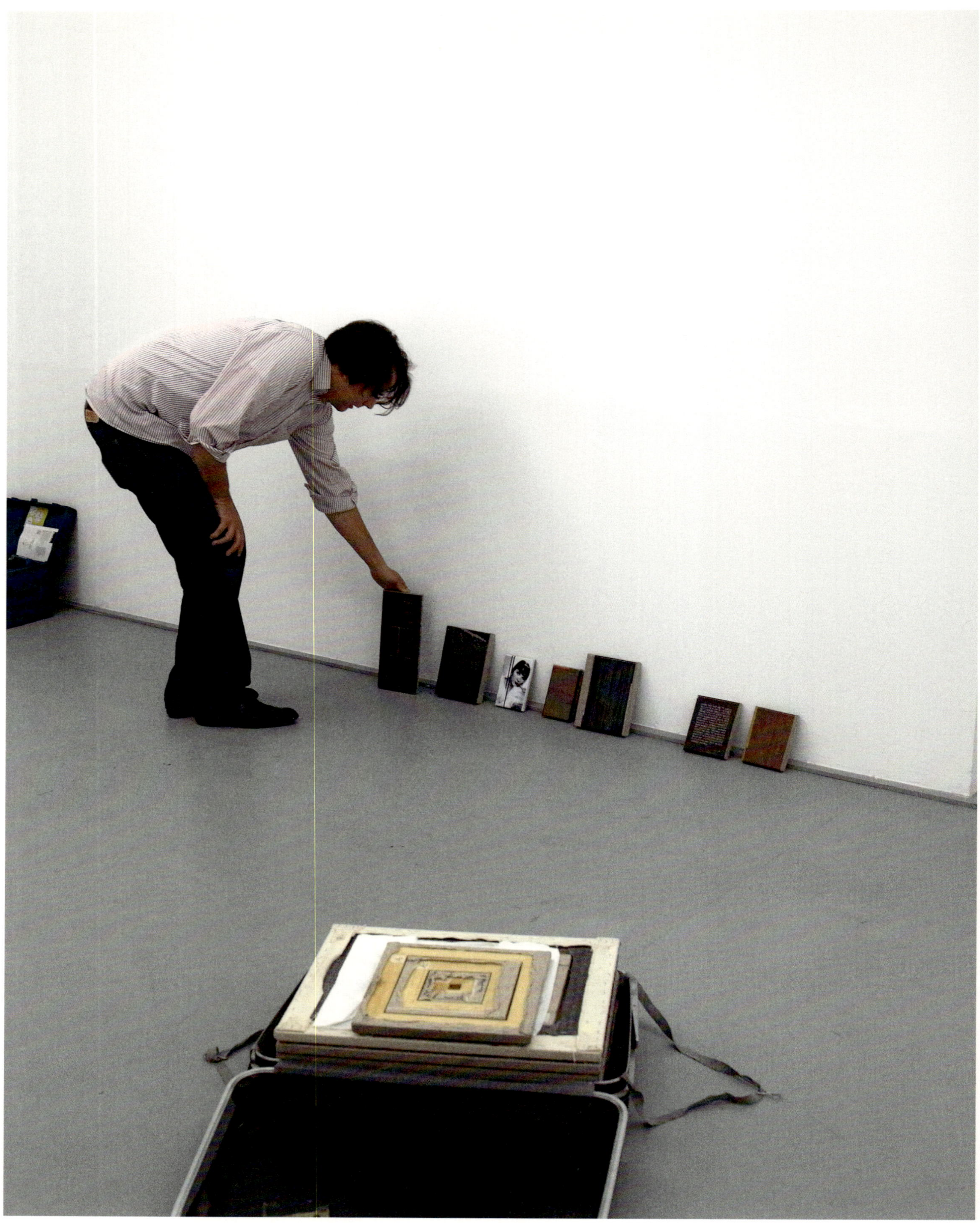

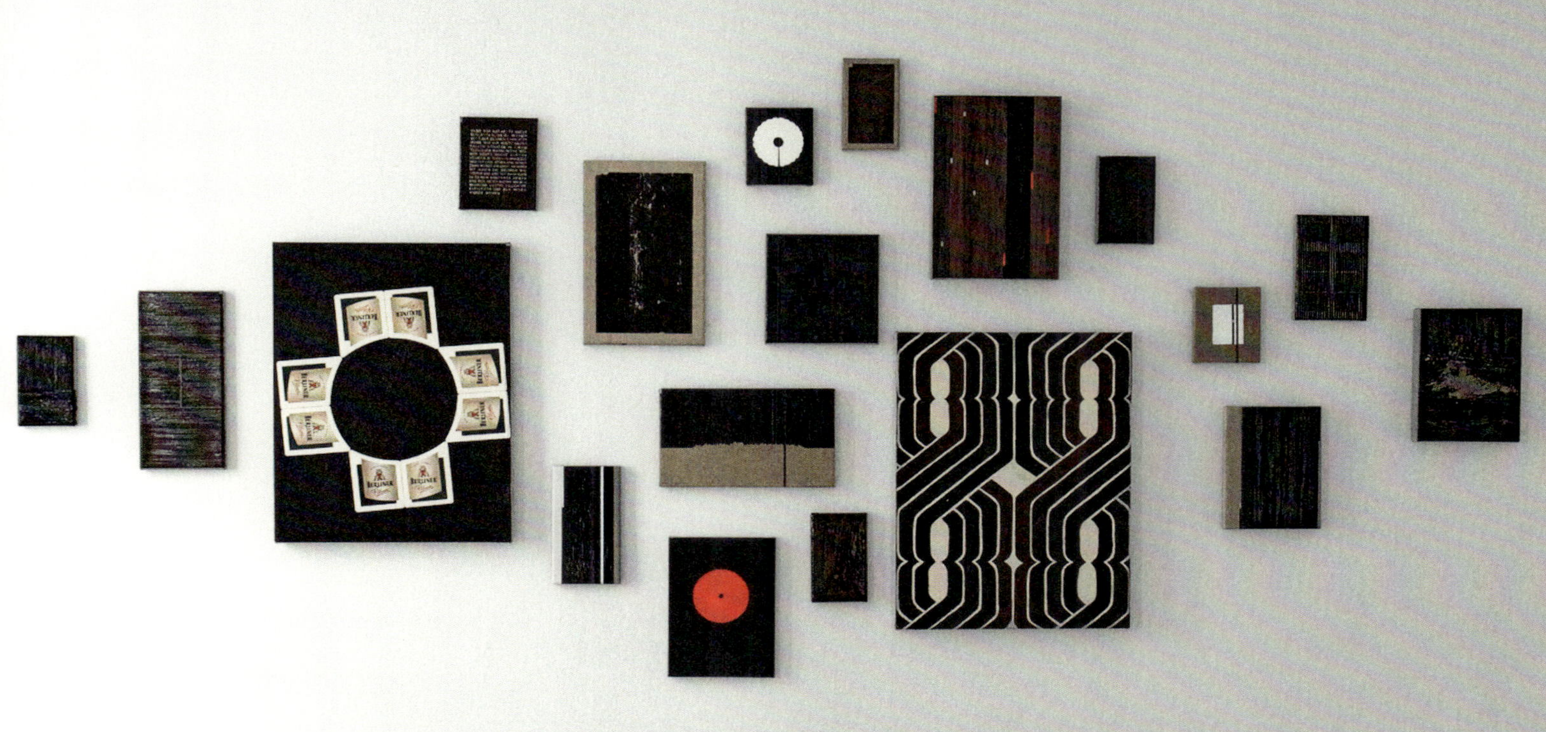

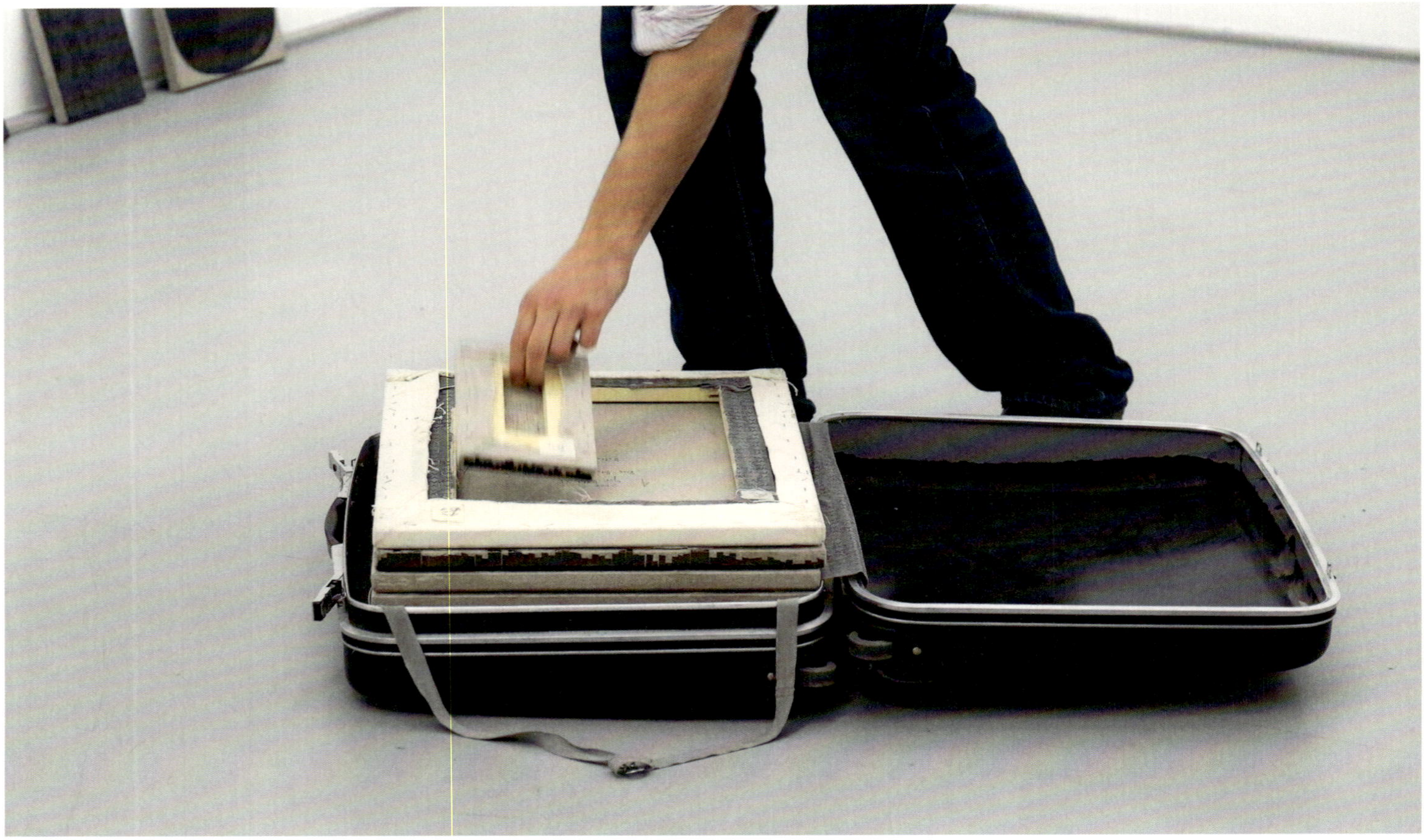

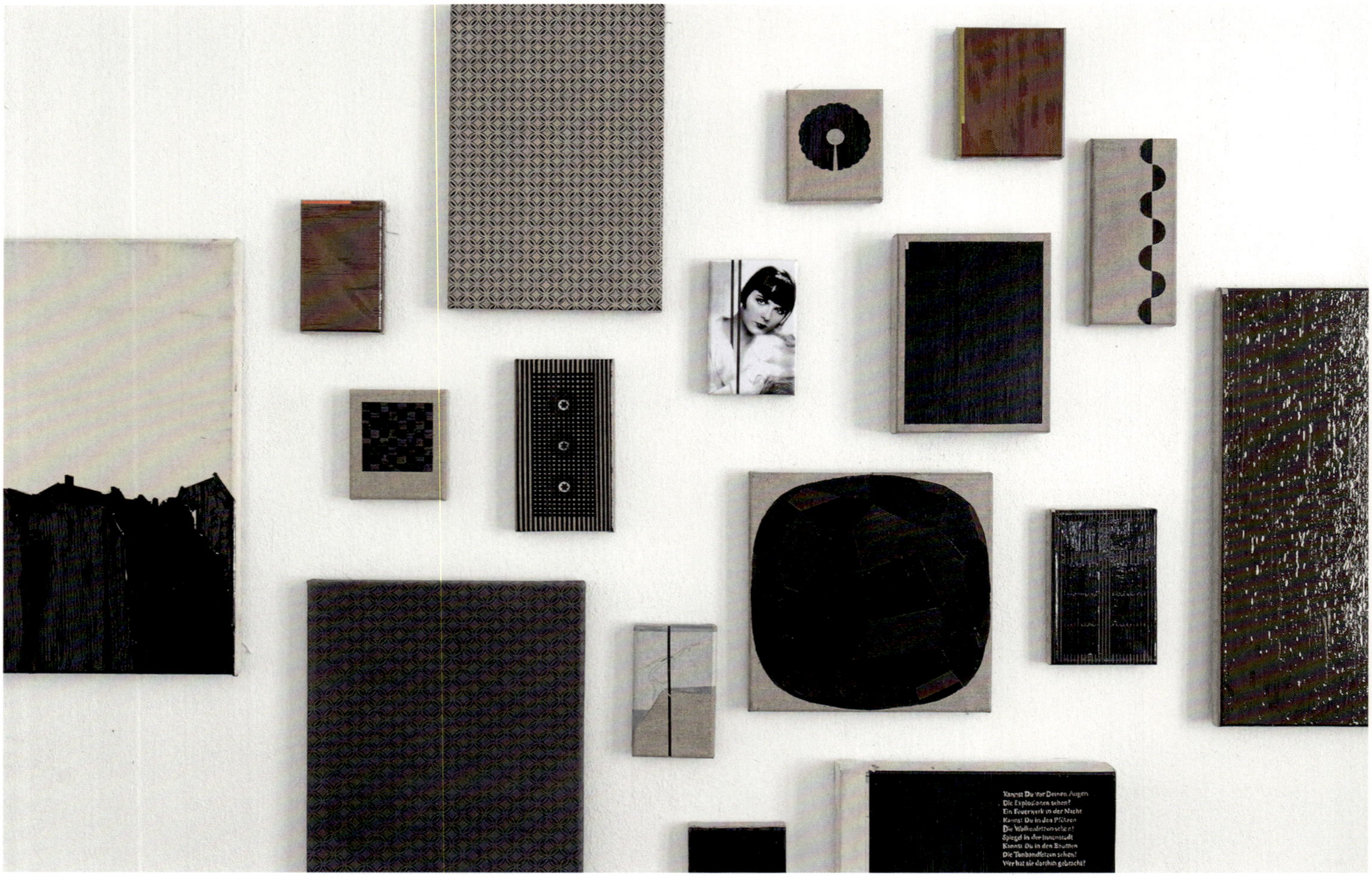

Kannst Du vor Deinen Augen
Die Explosionen sehen?
Ein Feuerwerk in der Nacht
Kannst Du in den Pfützen
Die Wolkenfetzen sehen?
Spiegel in der Innenstadt
Kannst Du in den Brunnen
Die Tonbandfetzen sehen?
Wer hat sie dorthin gebracht?

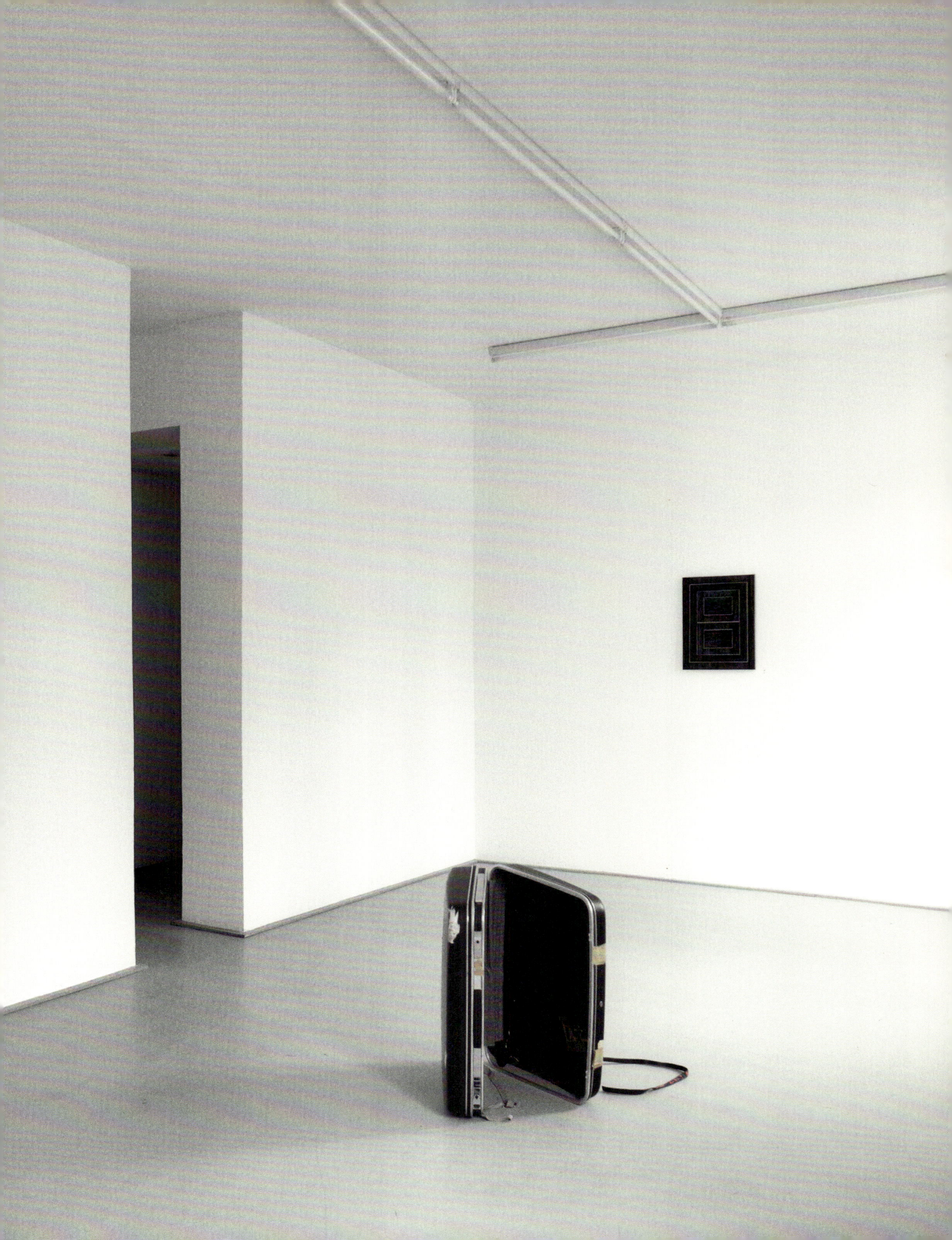

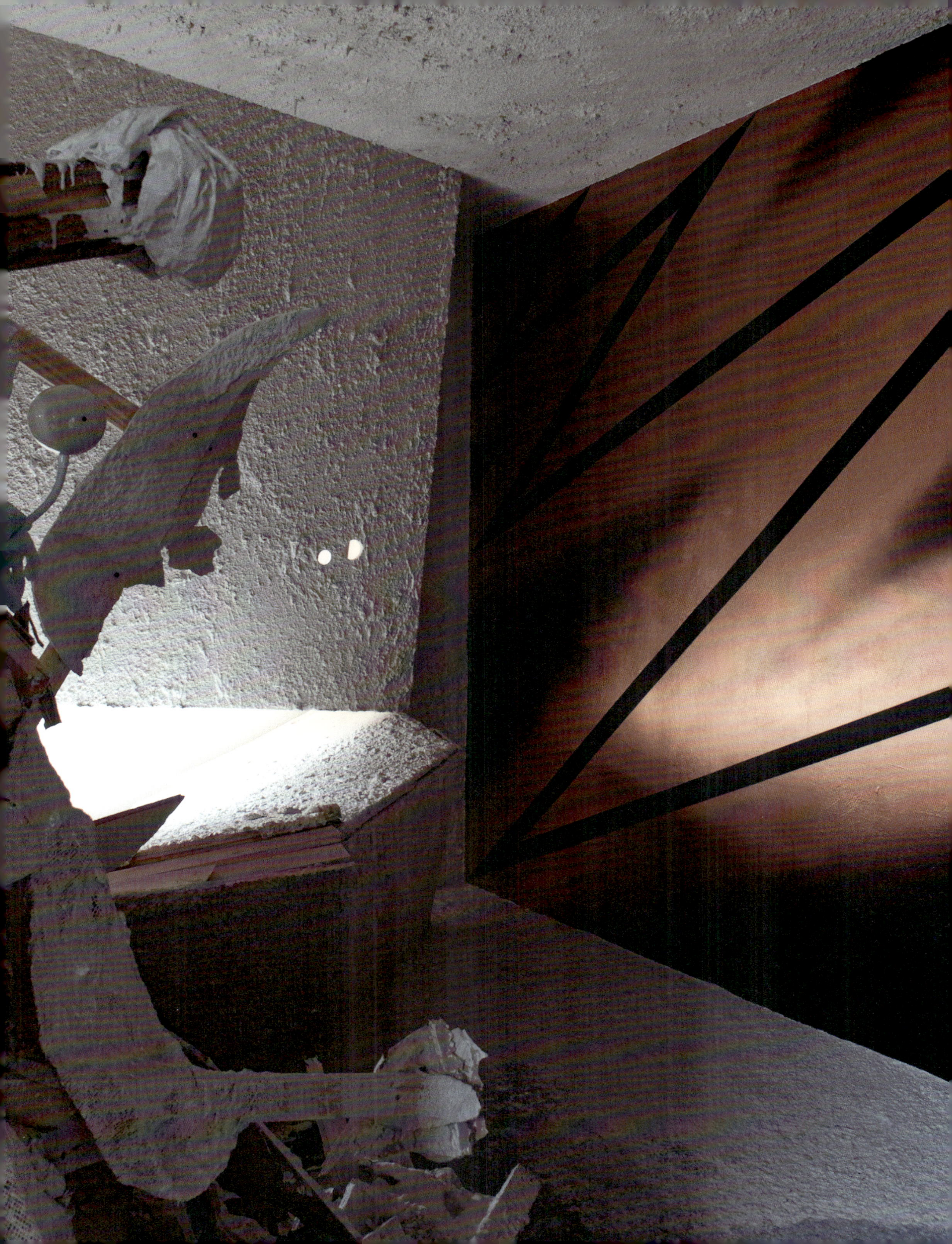

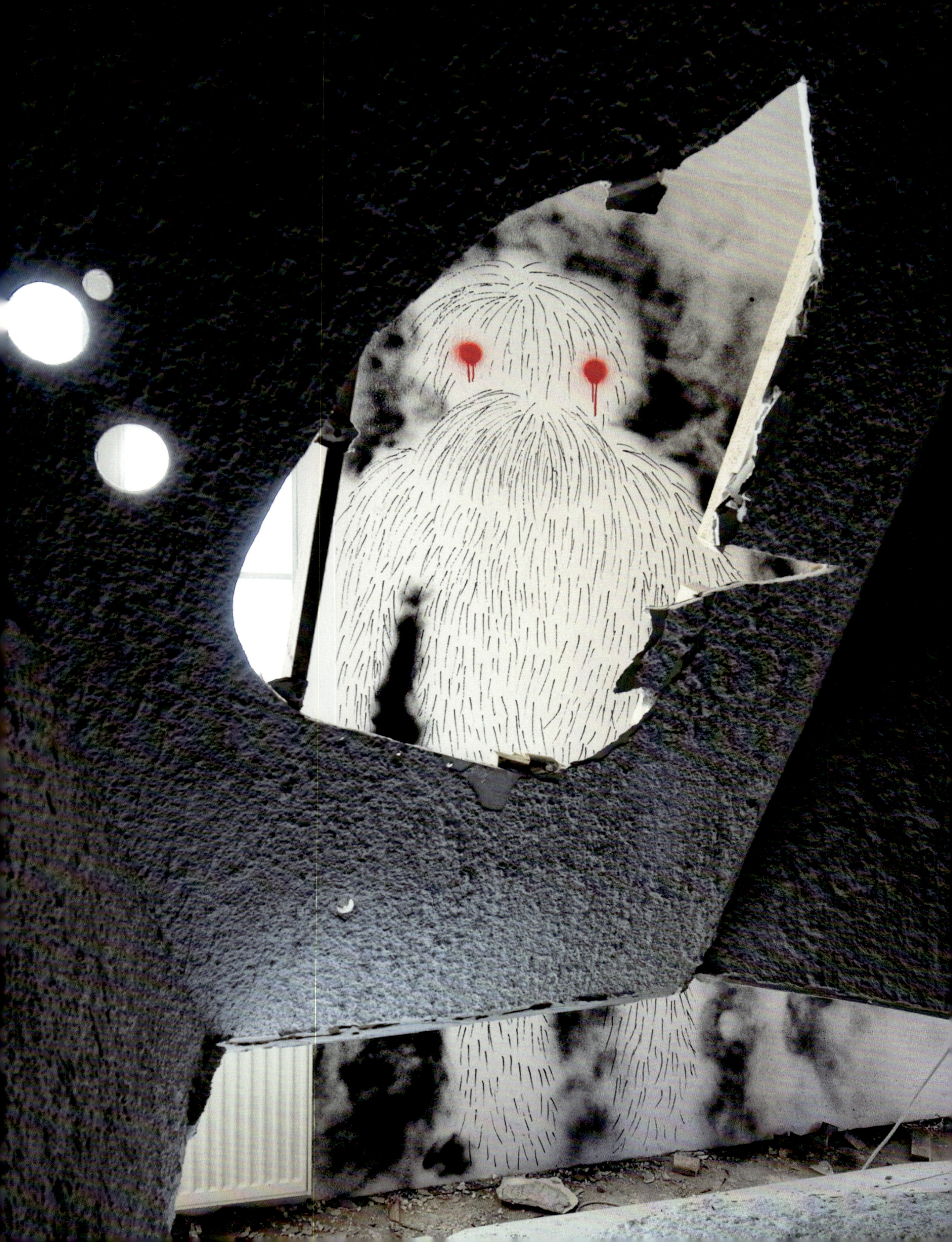

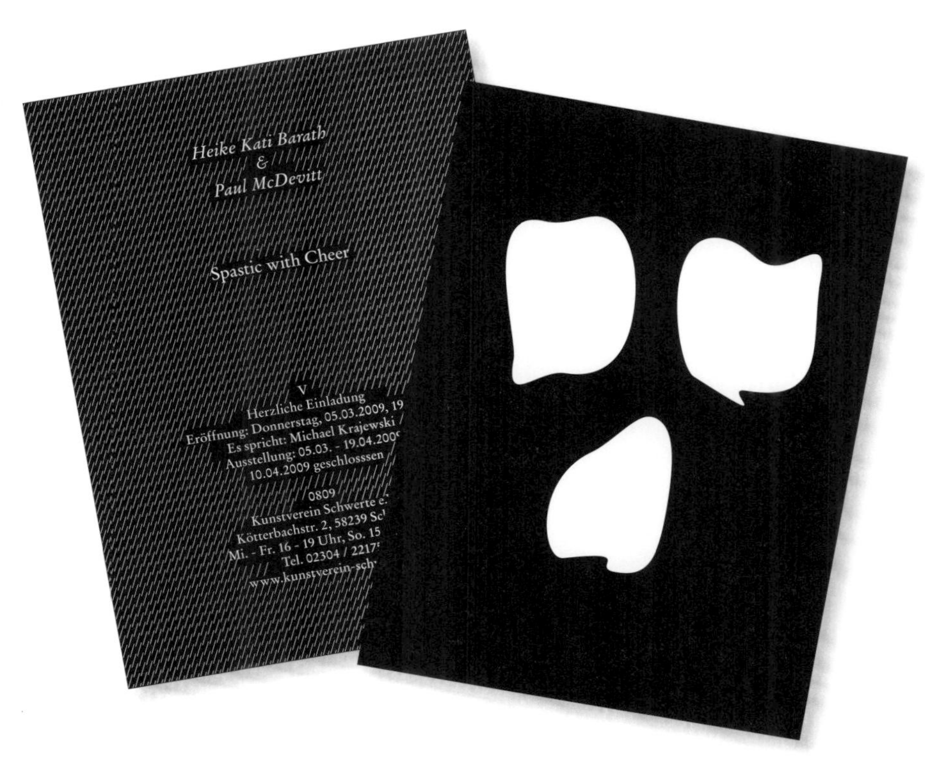

V

Spastic with Cheer

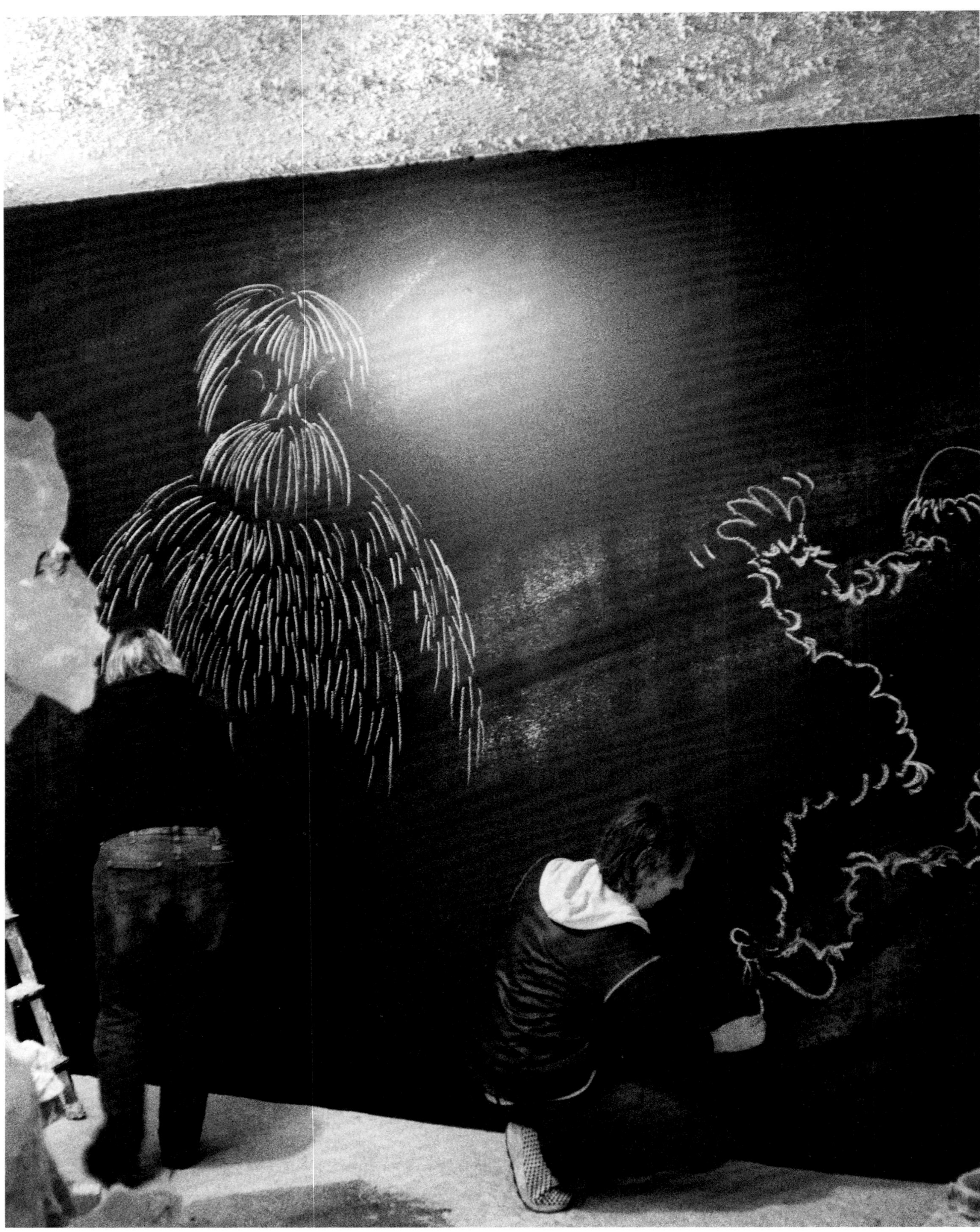

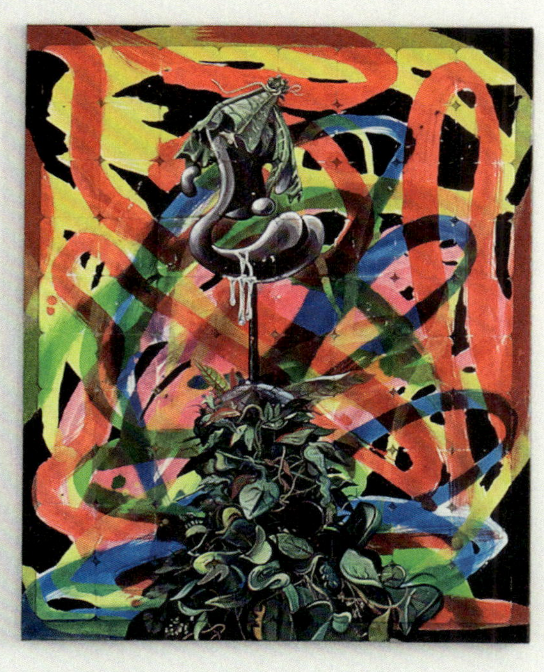 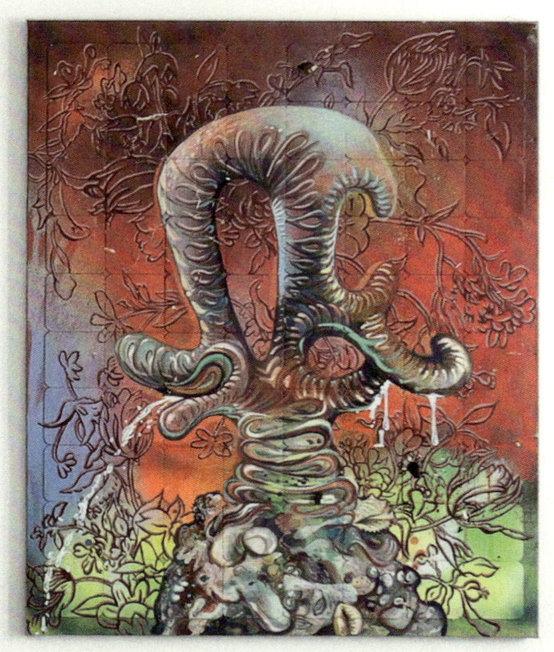

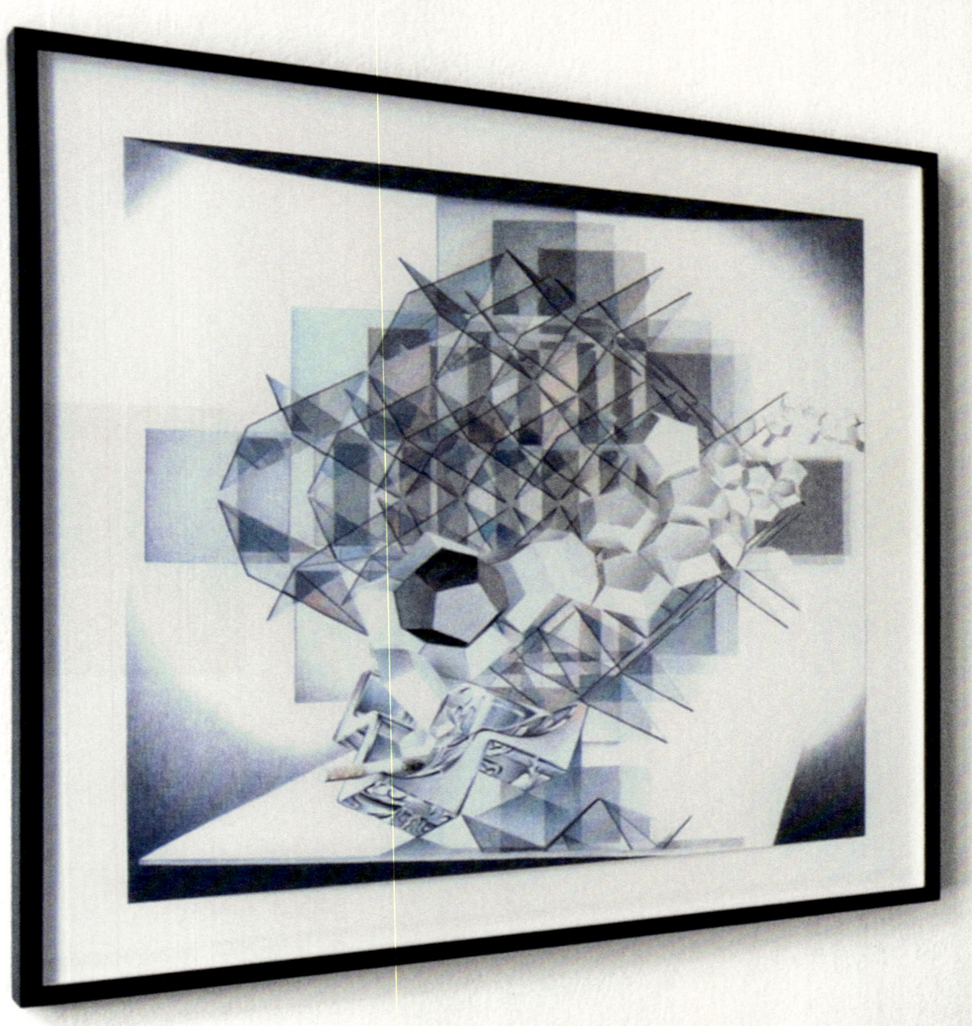

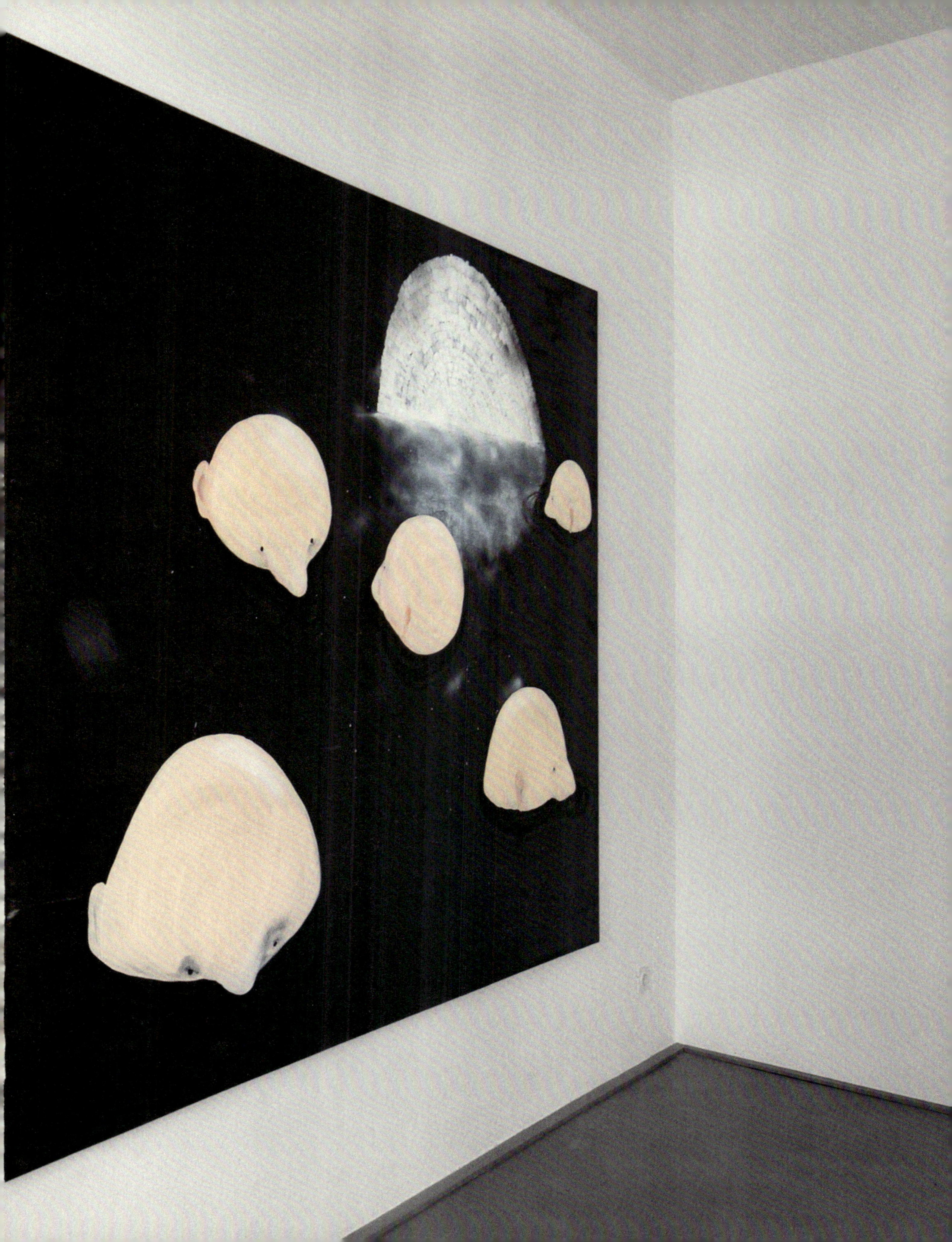

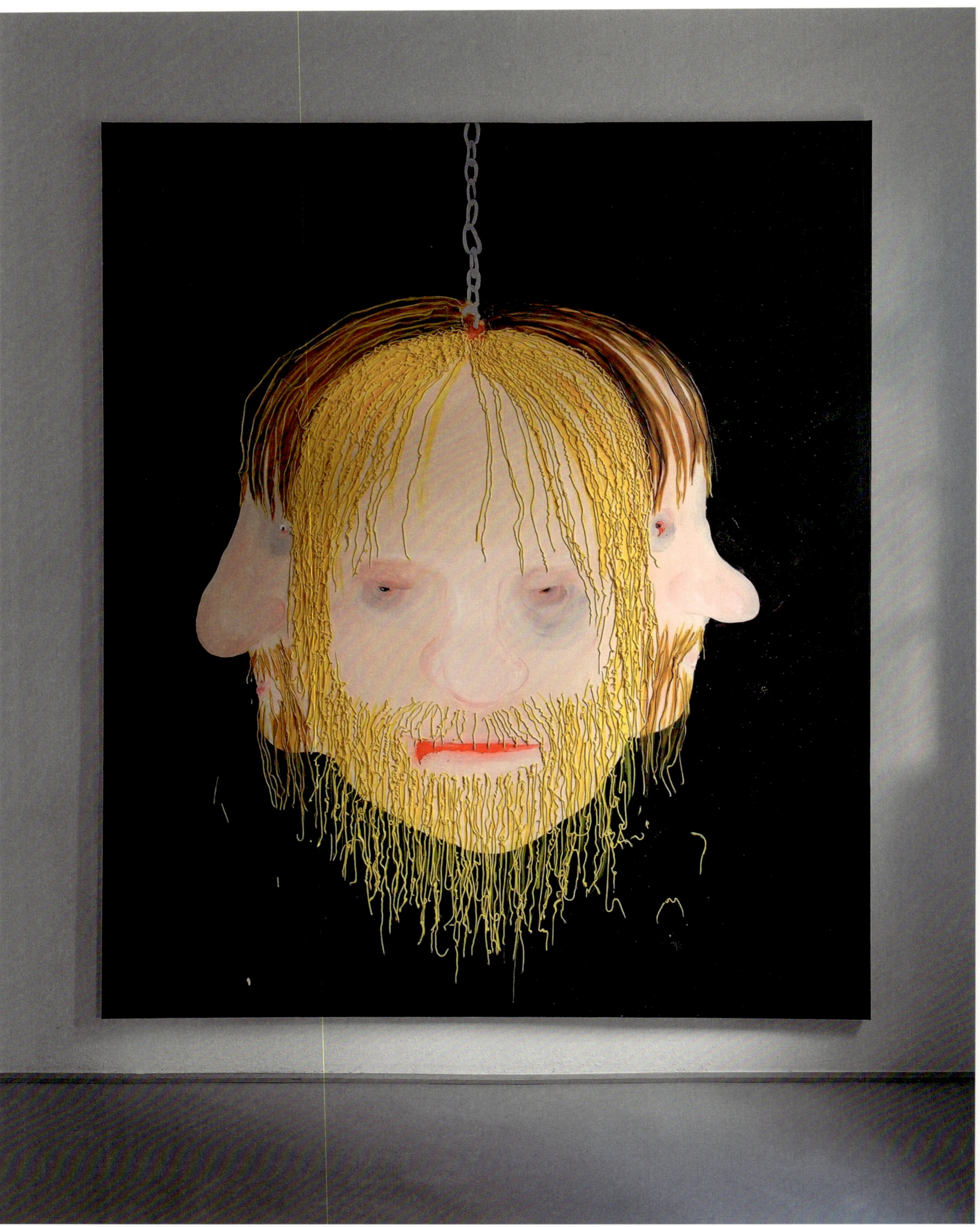

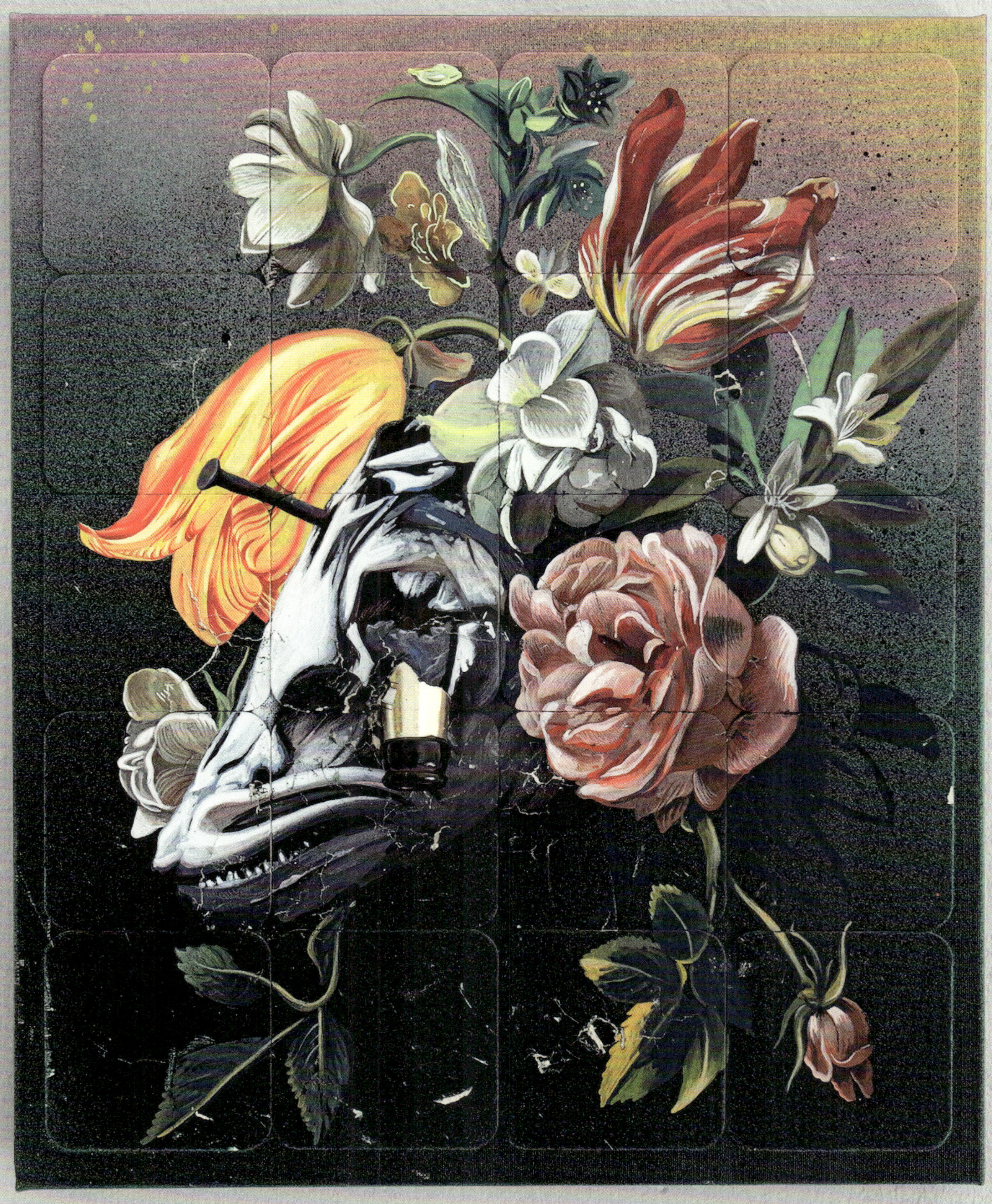

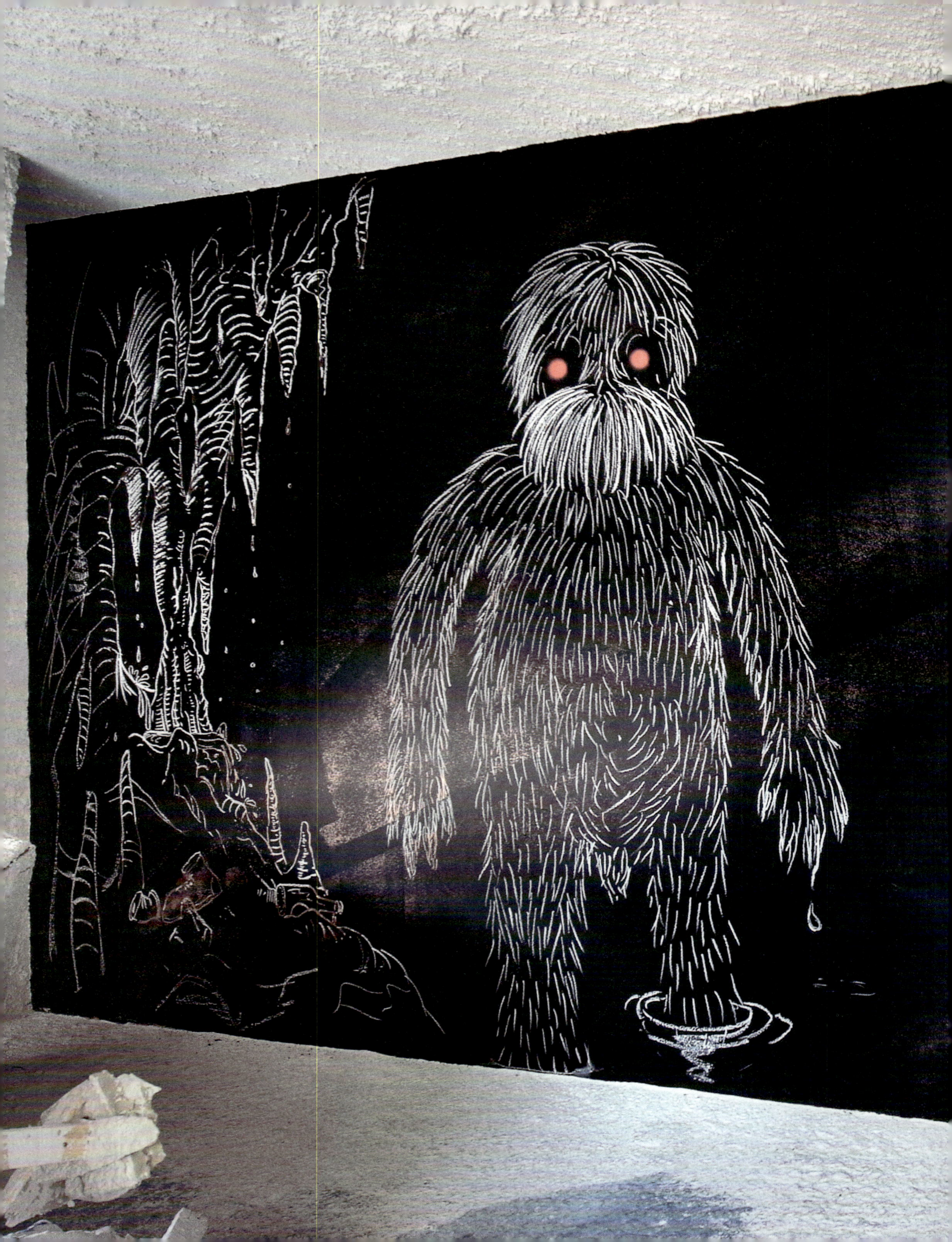

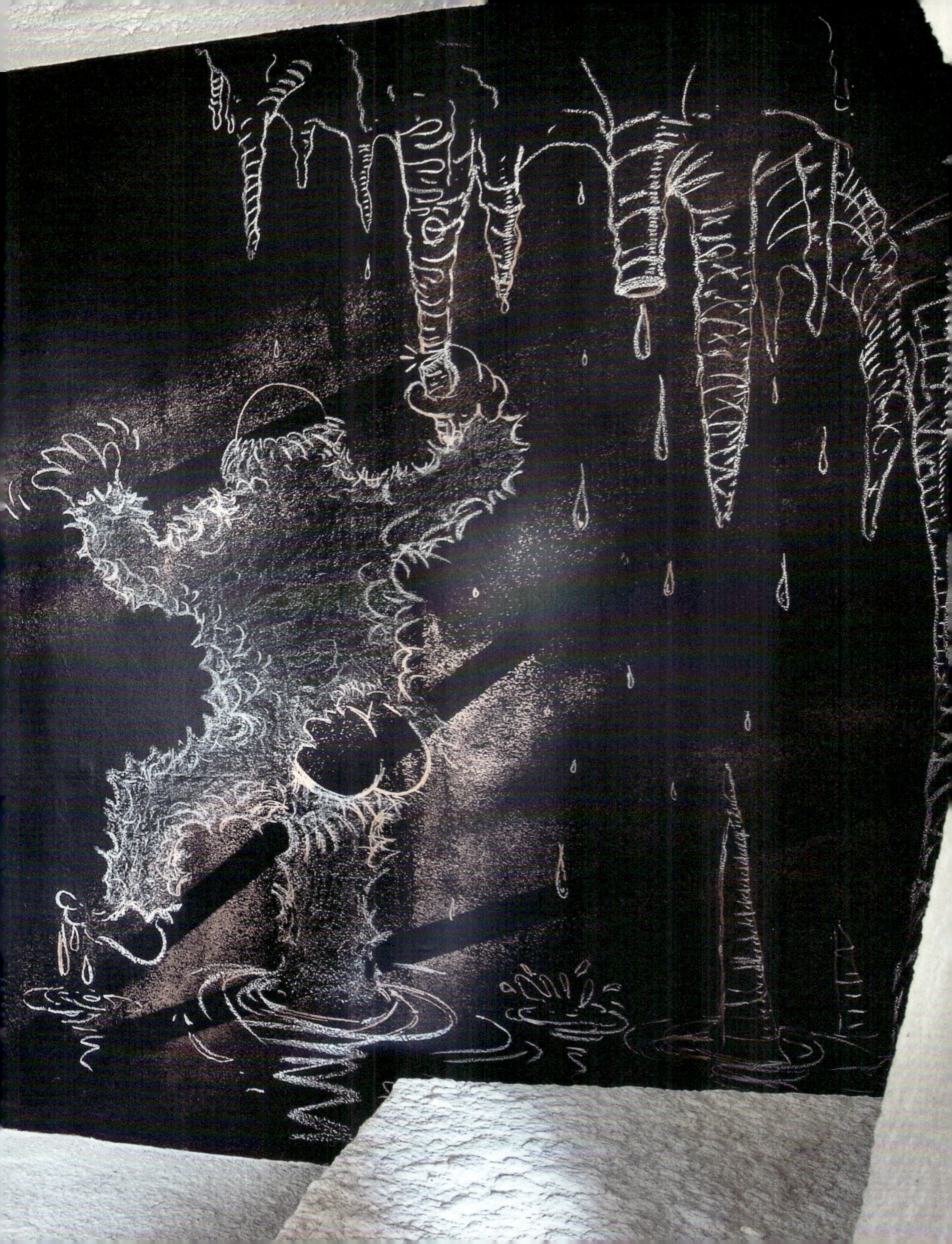

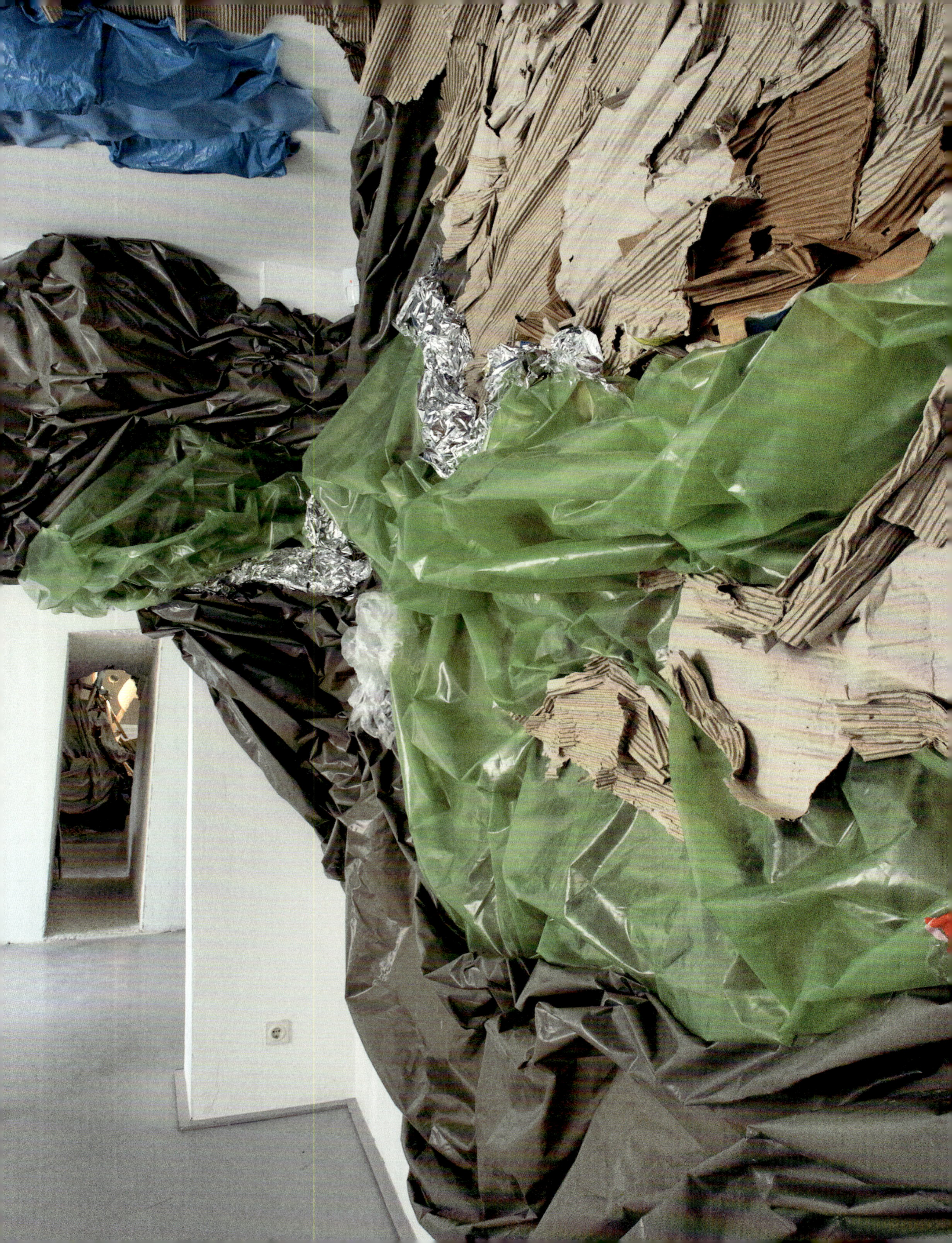

VI

Stefan Löffelhardt

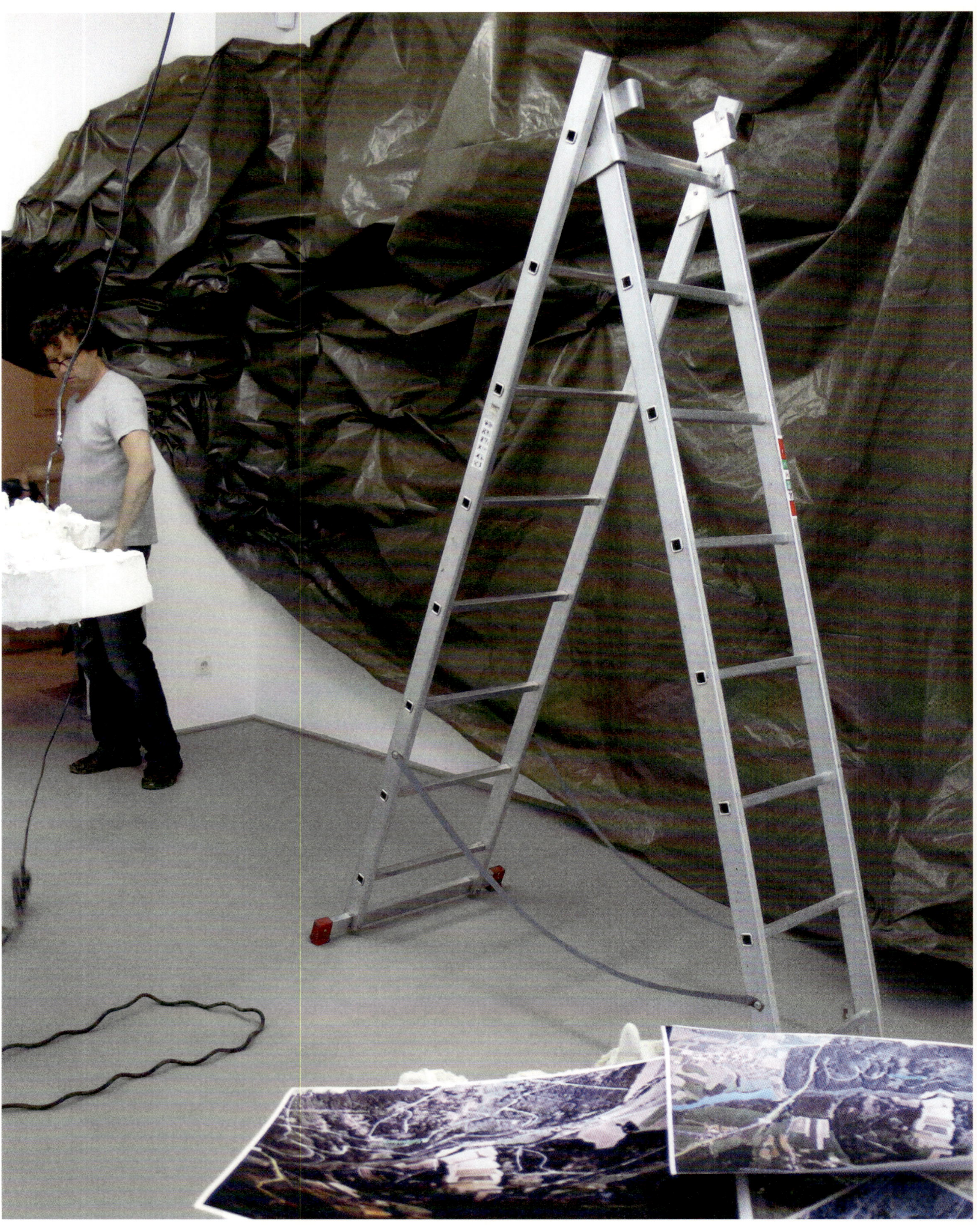

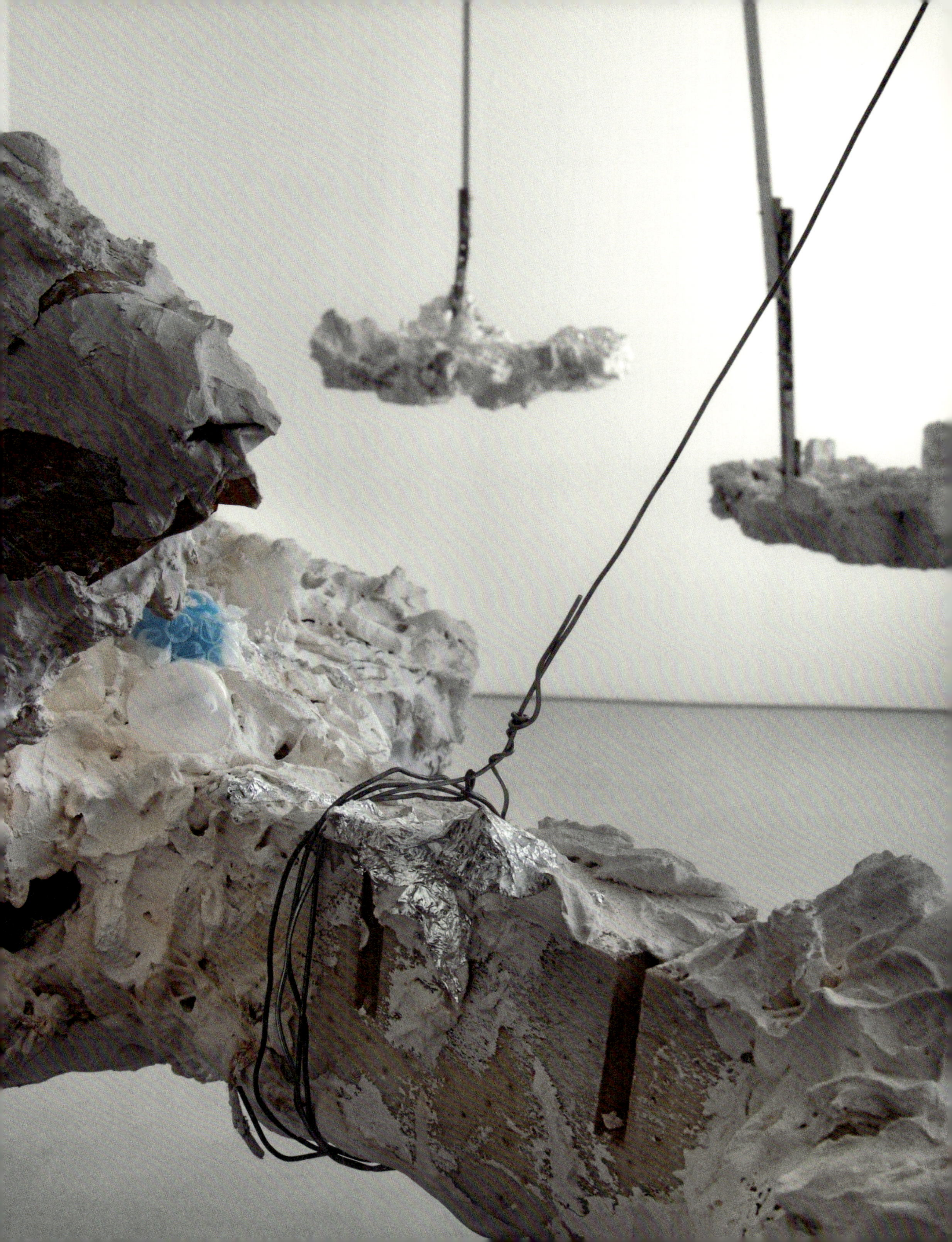

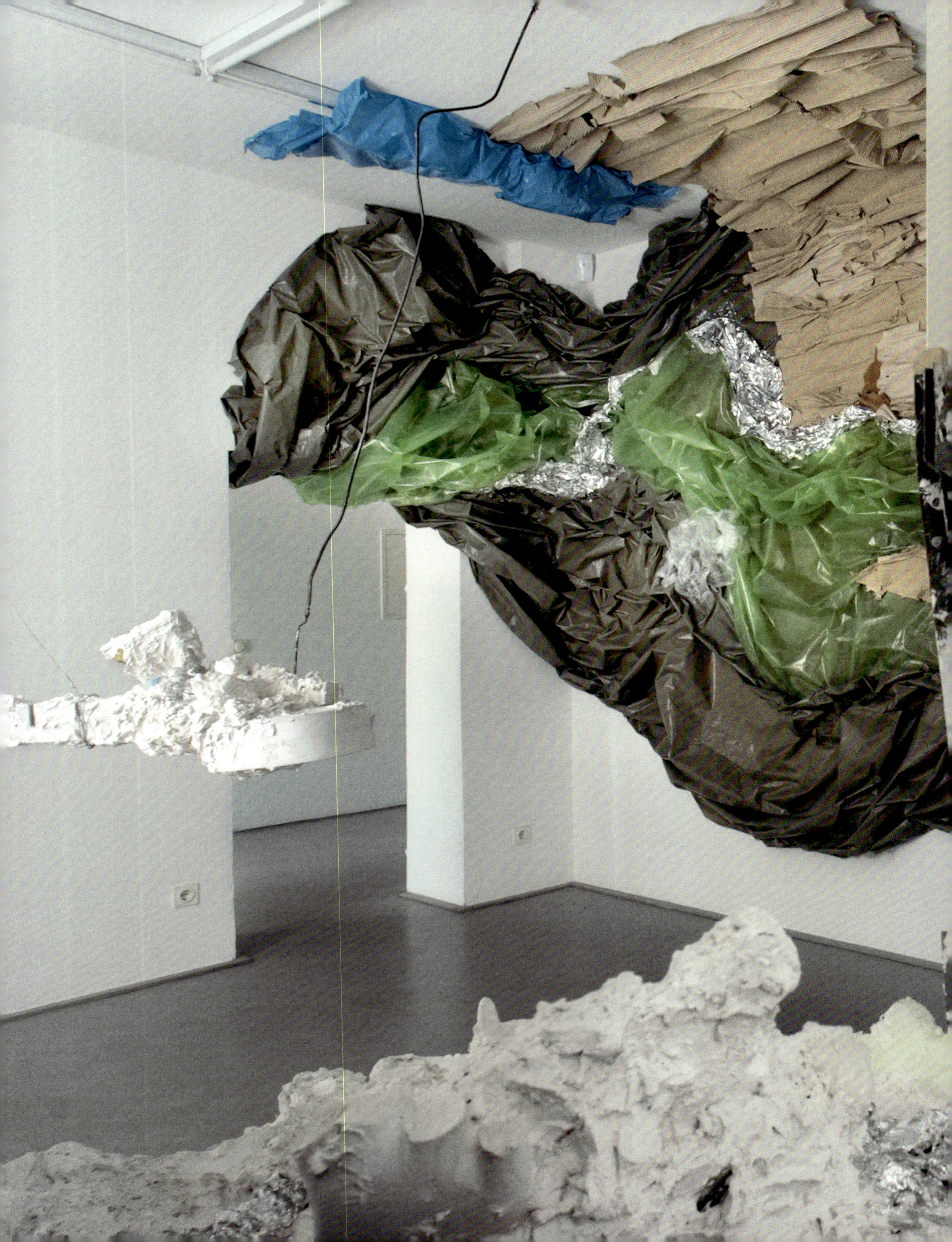

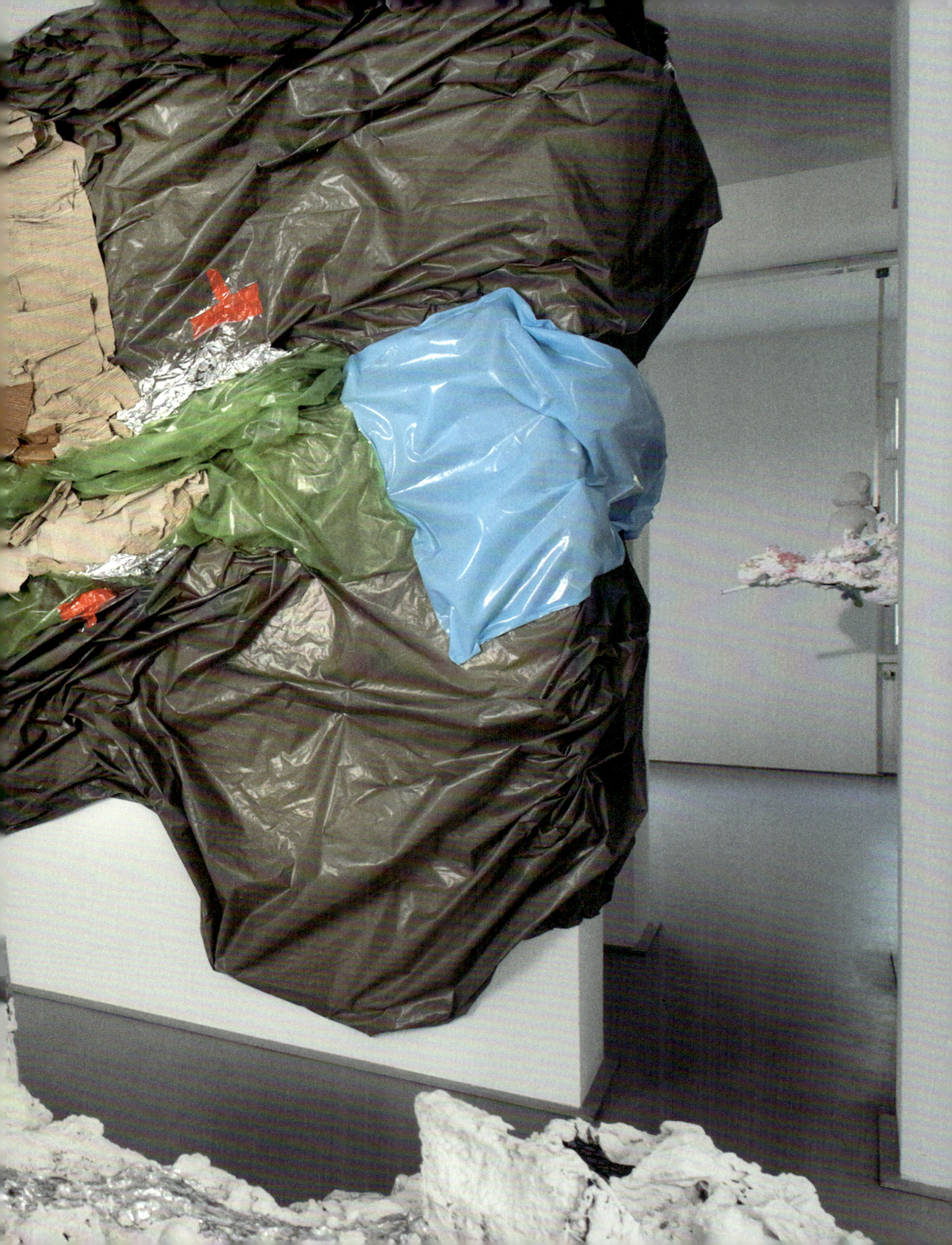

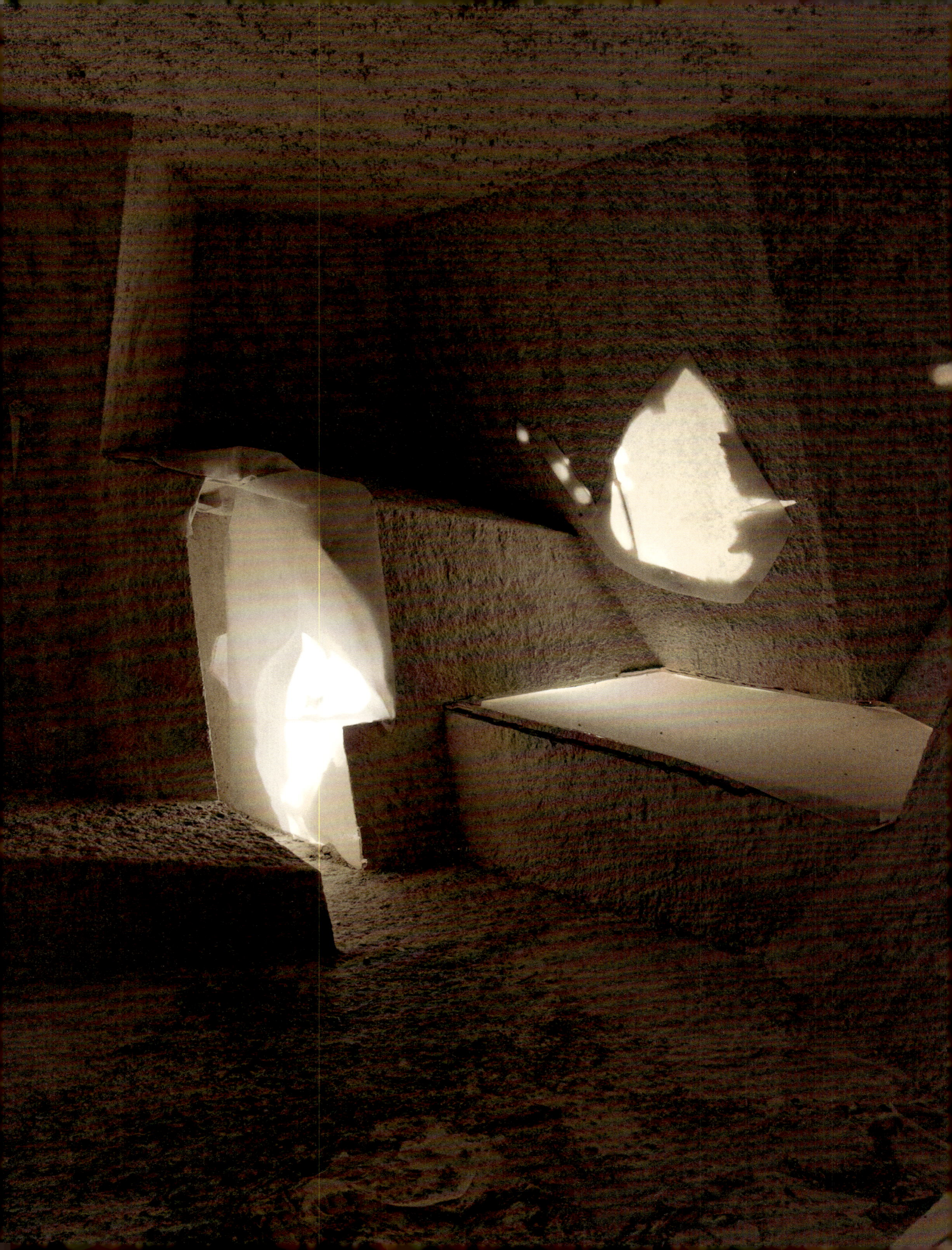

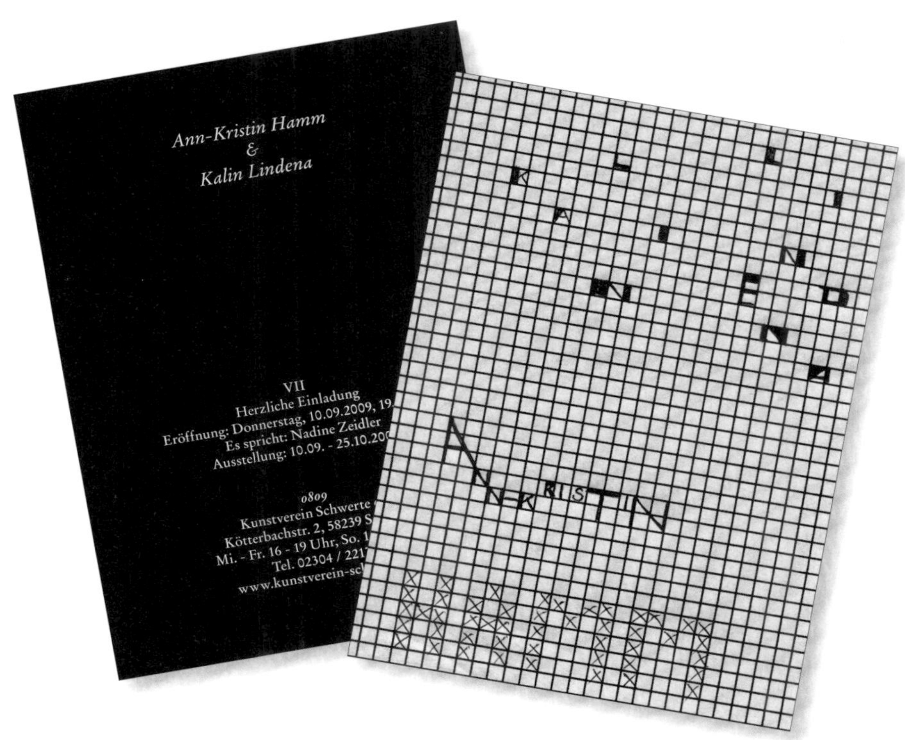

VII

Ann-Kristin Hamm
&
Kalin Lindena

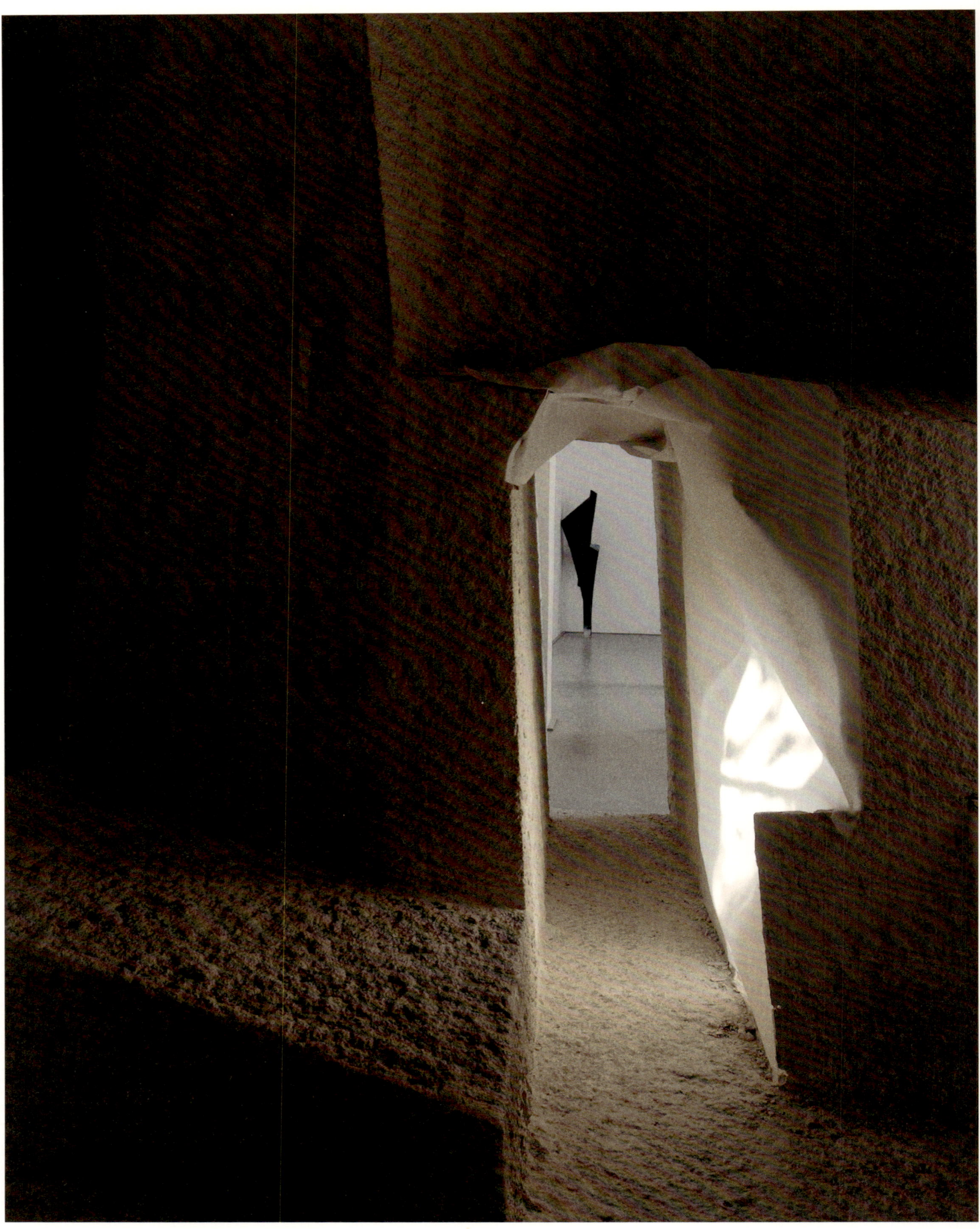

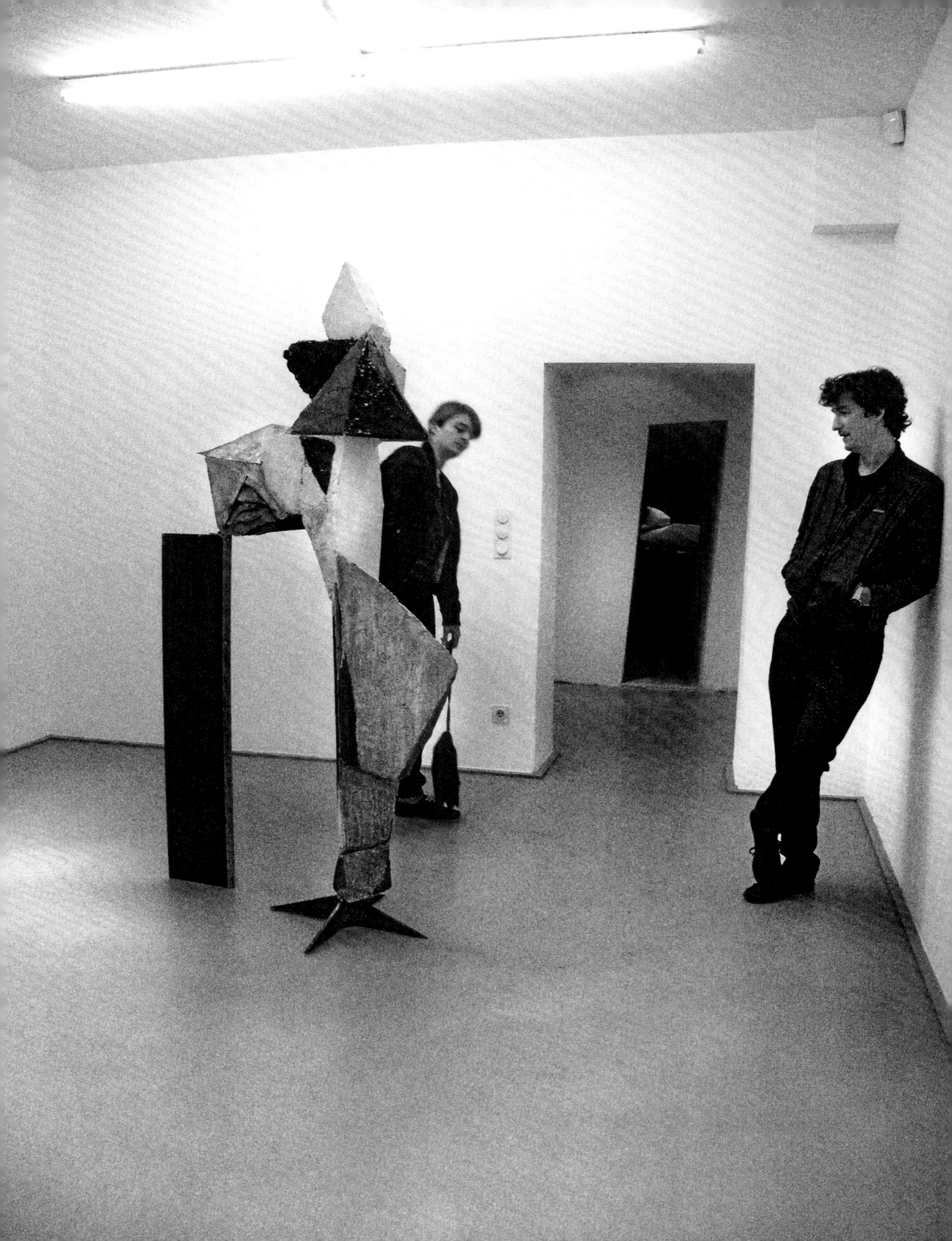

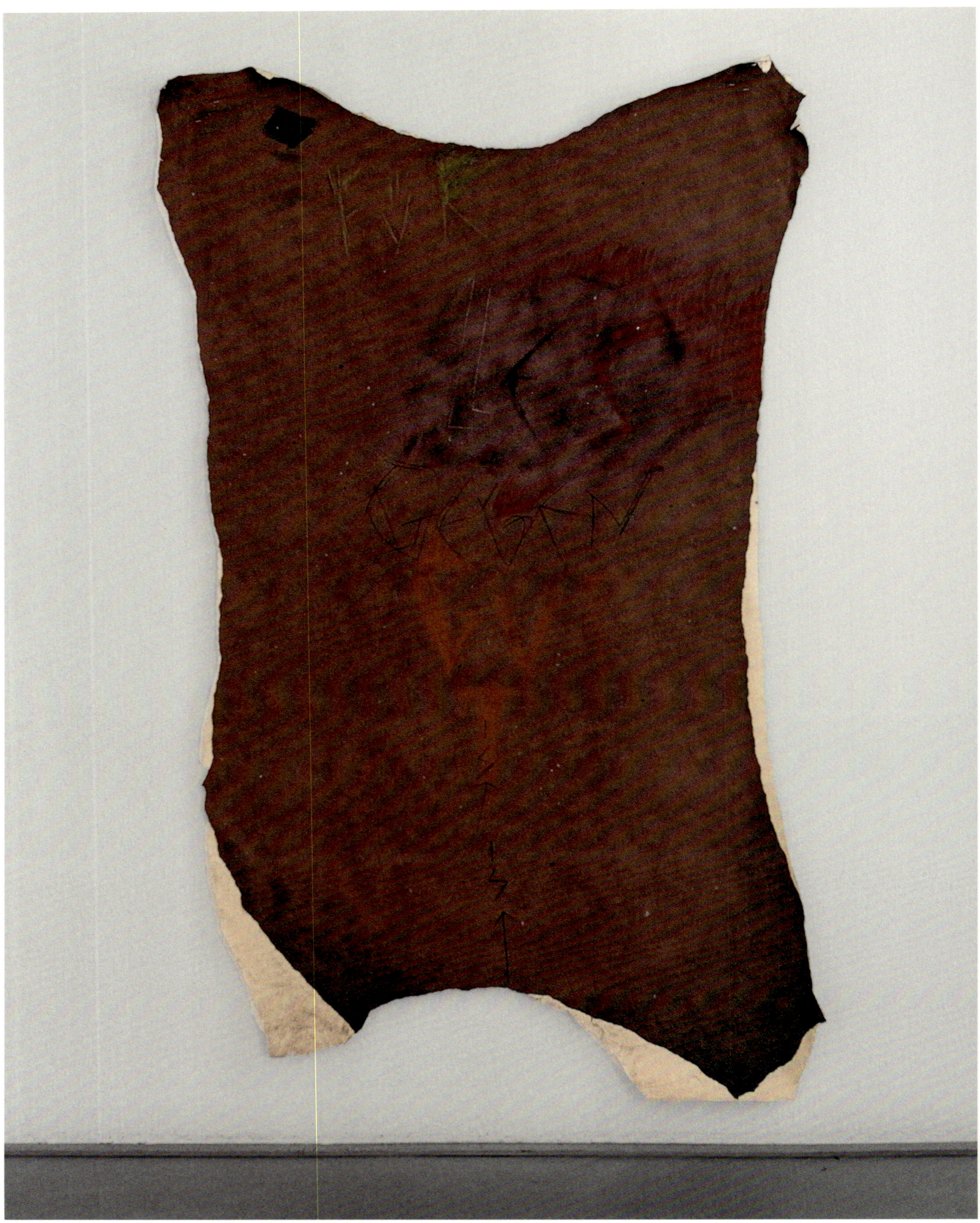

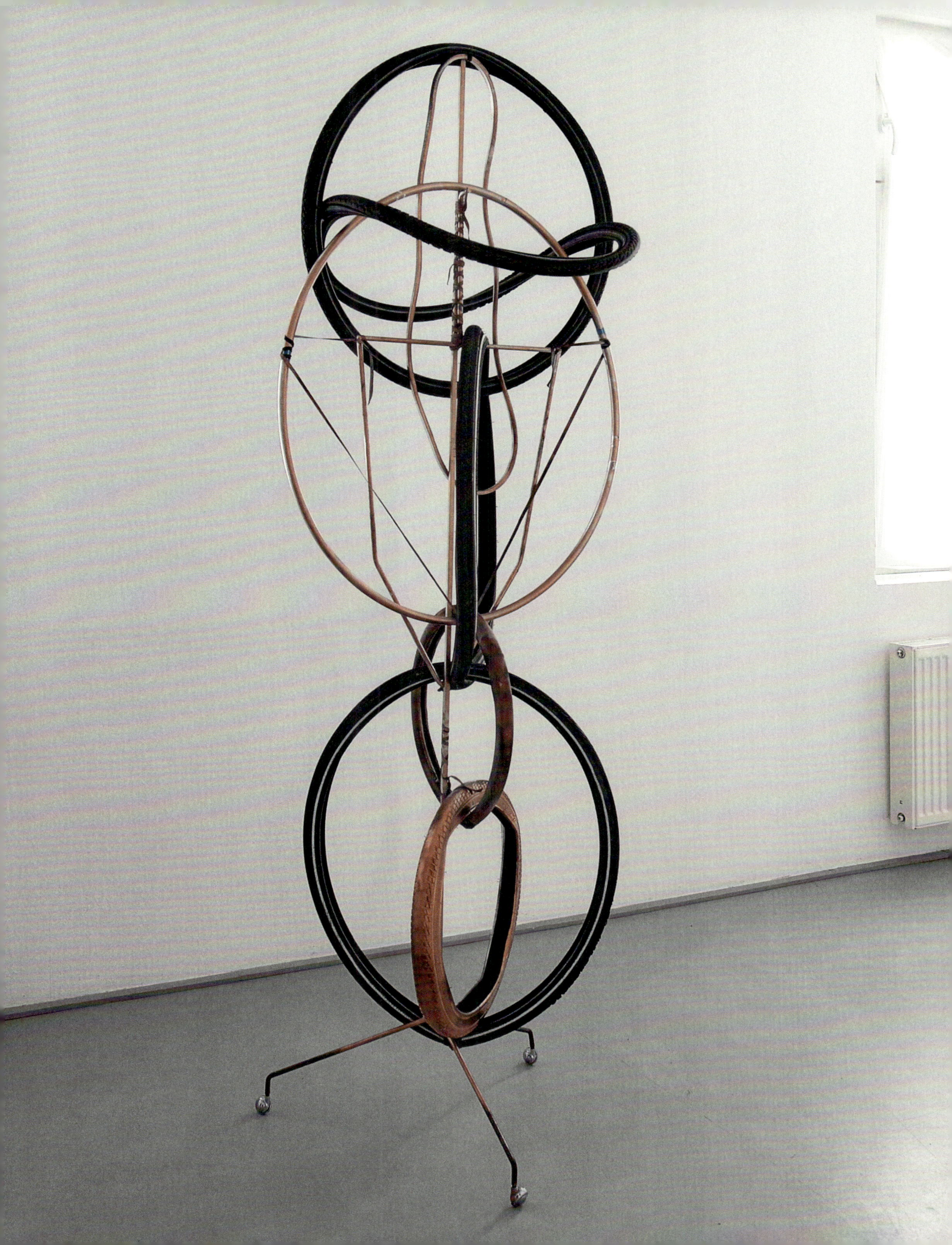

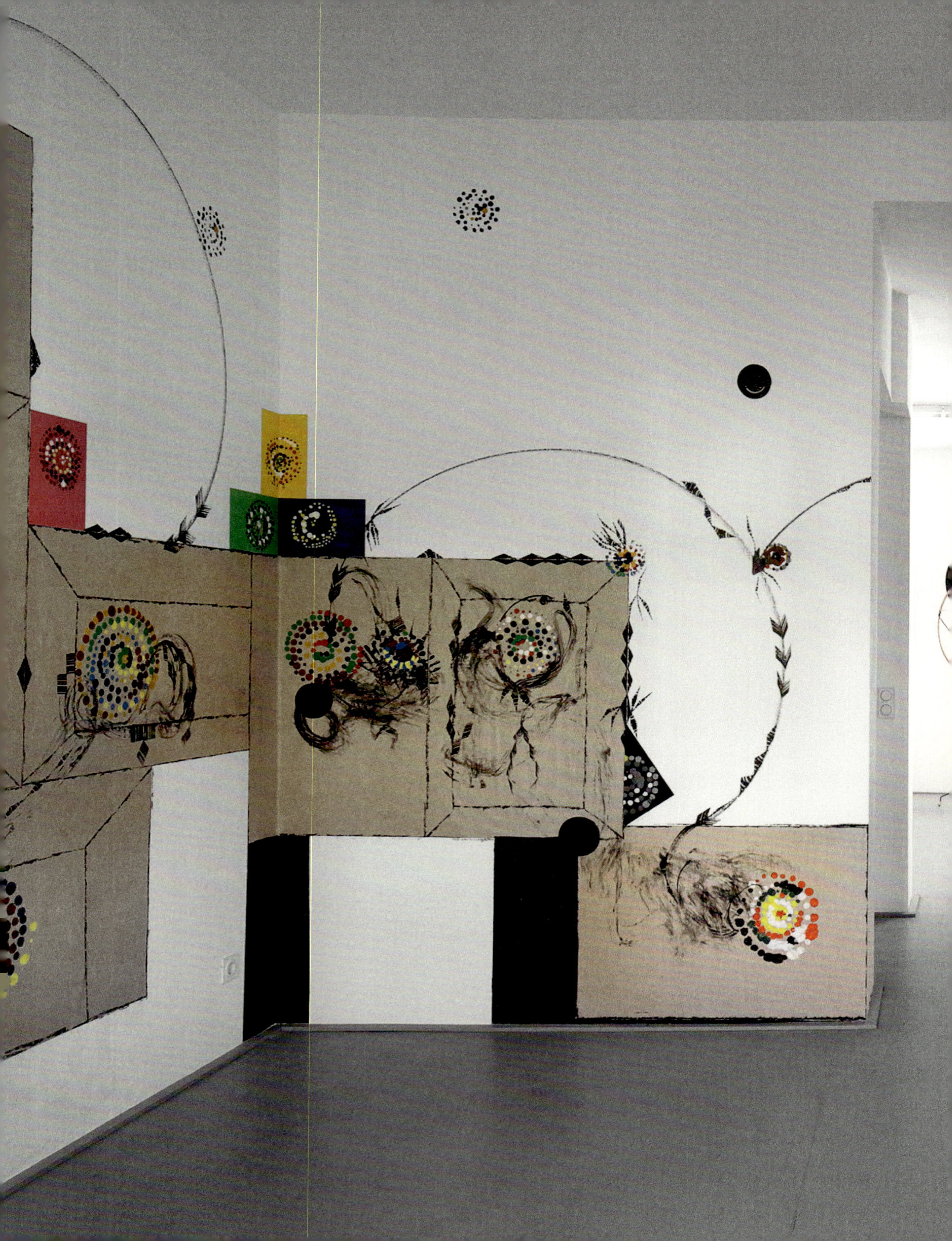

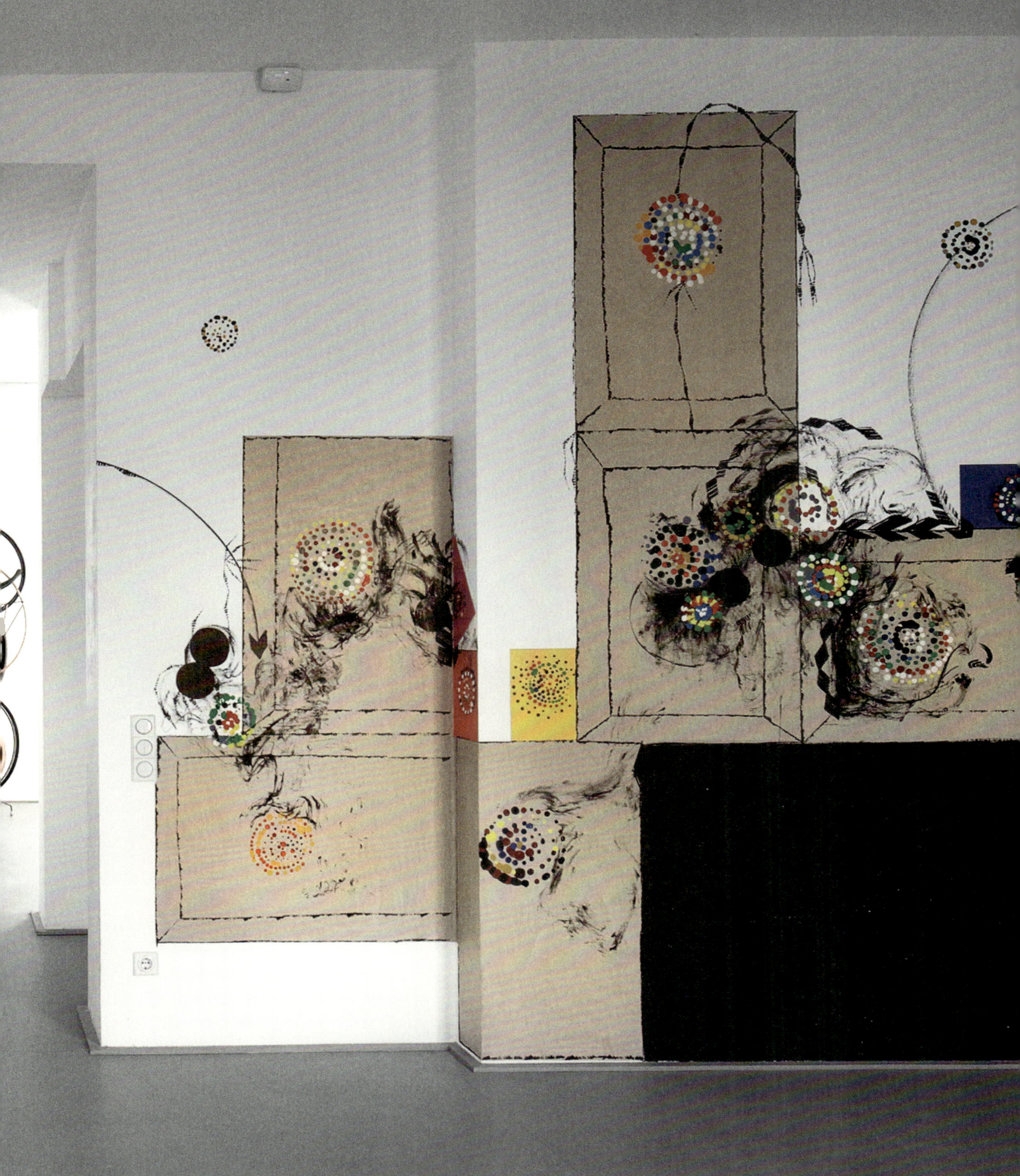

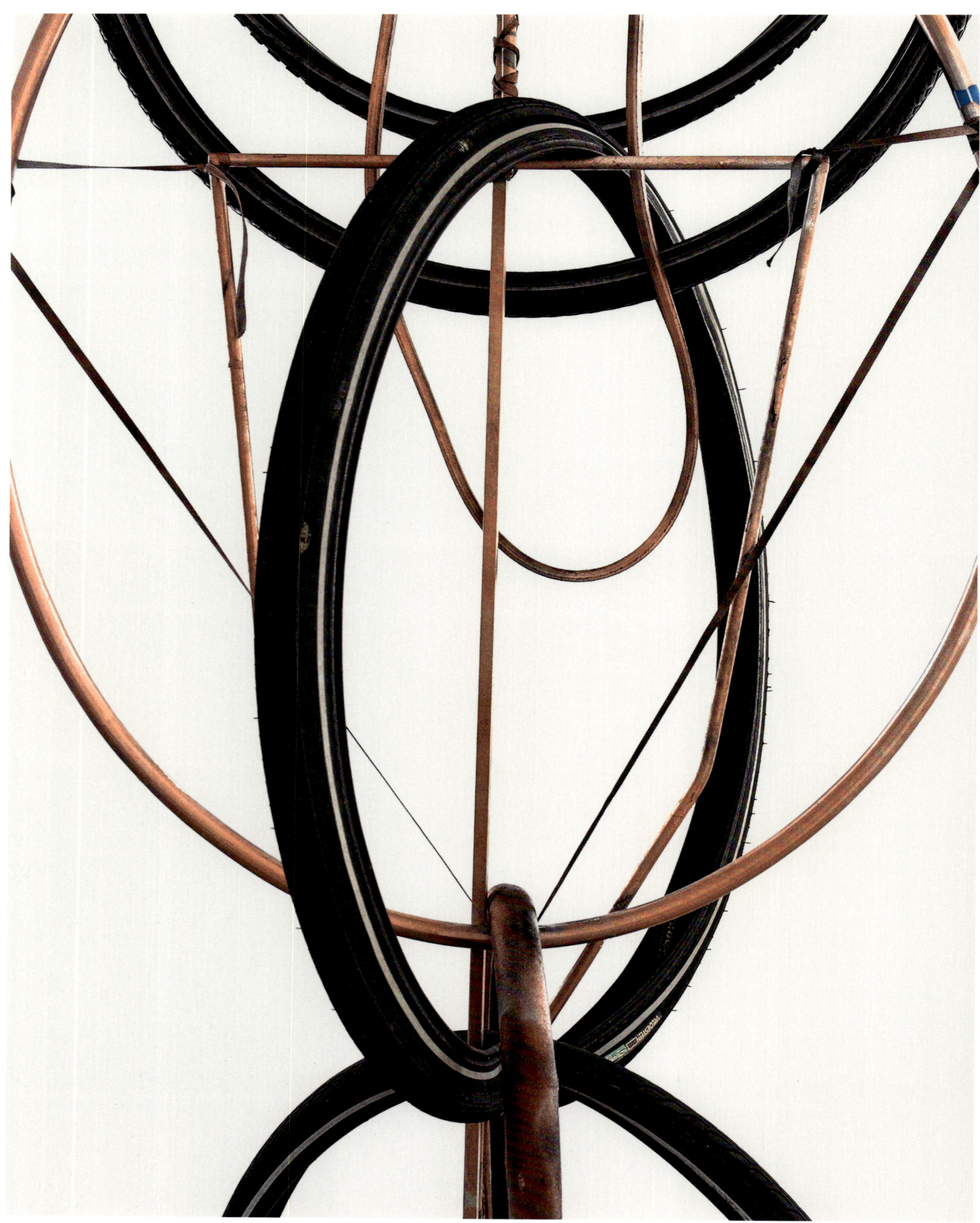

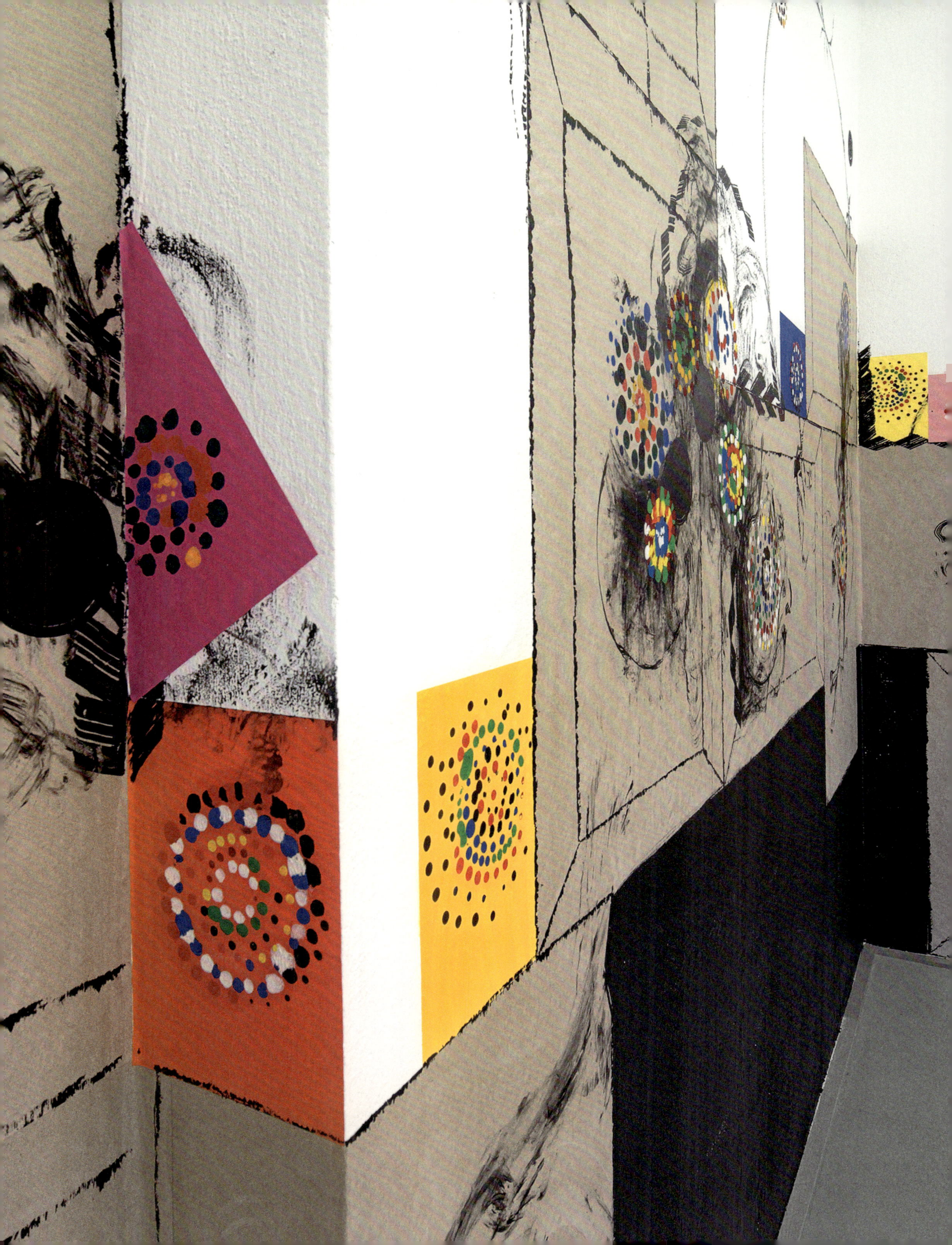

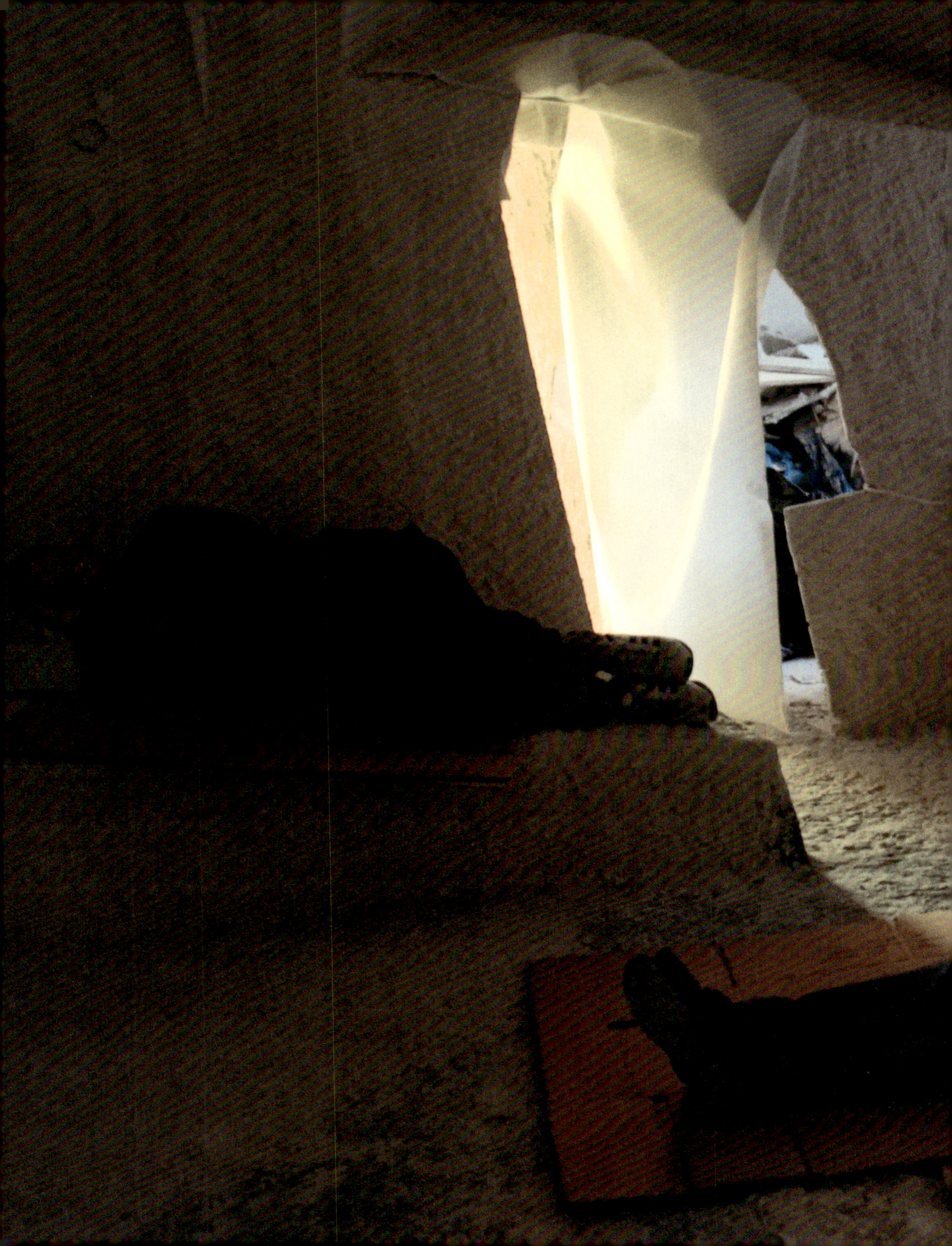

VIII

Jürgen Drescher
&
Emanuel Wadé

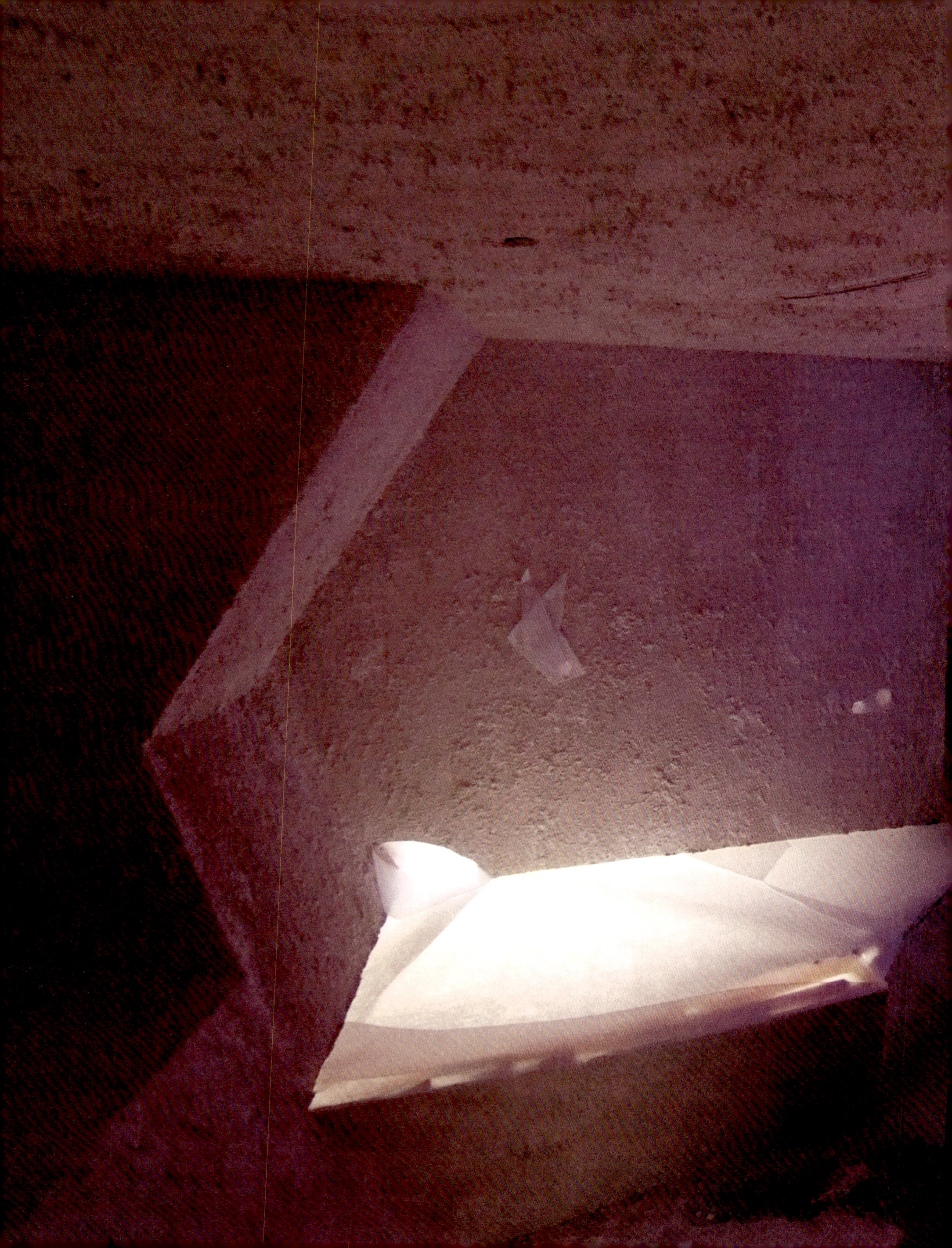

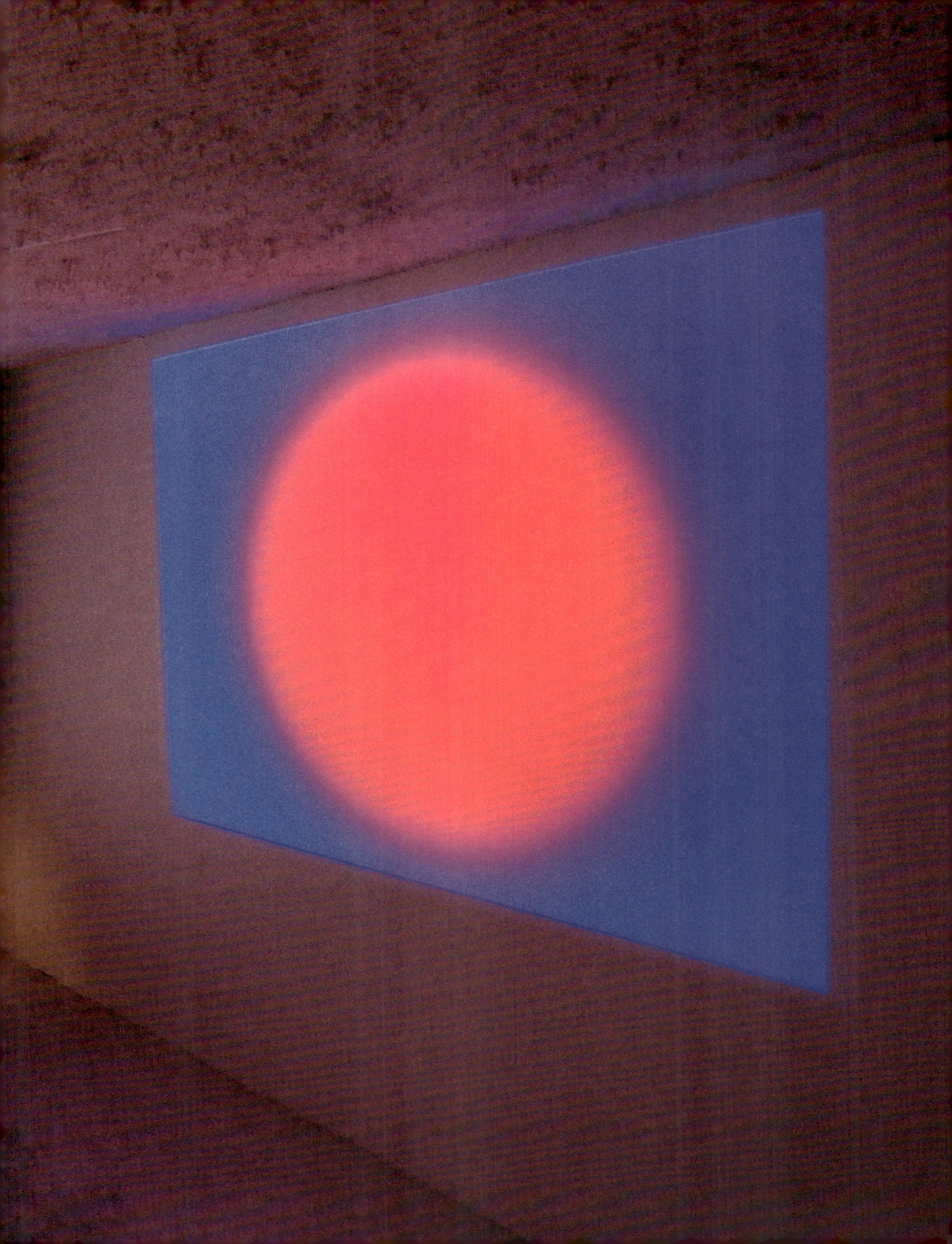

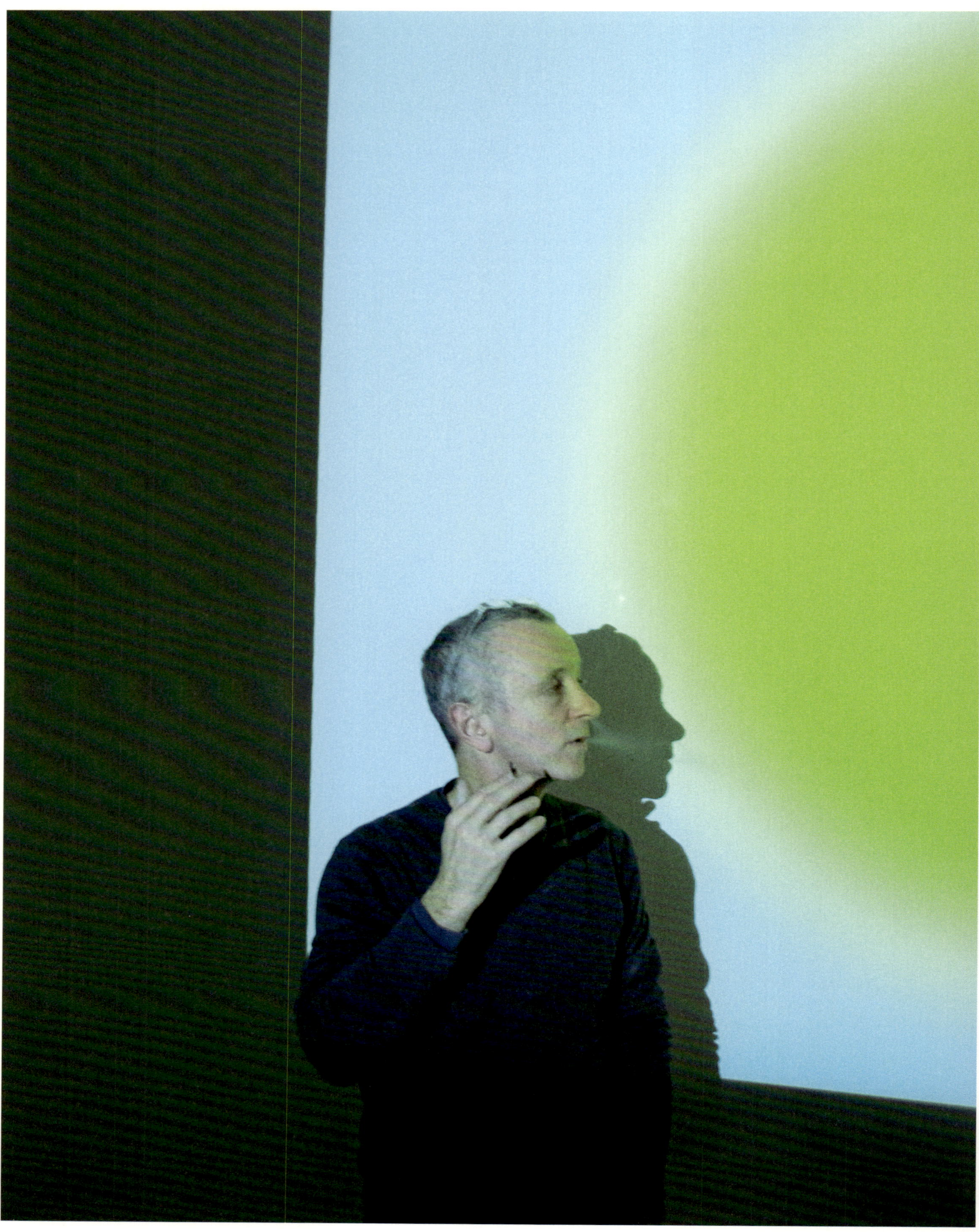

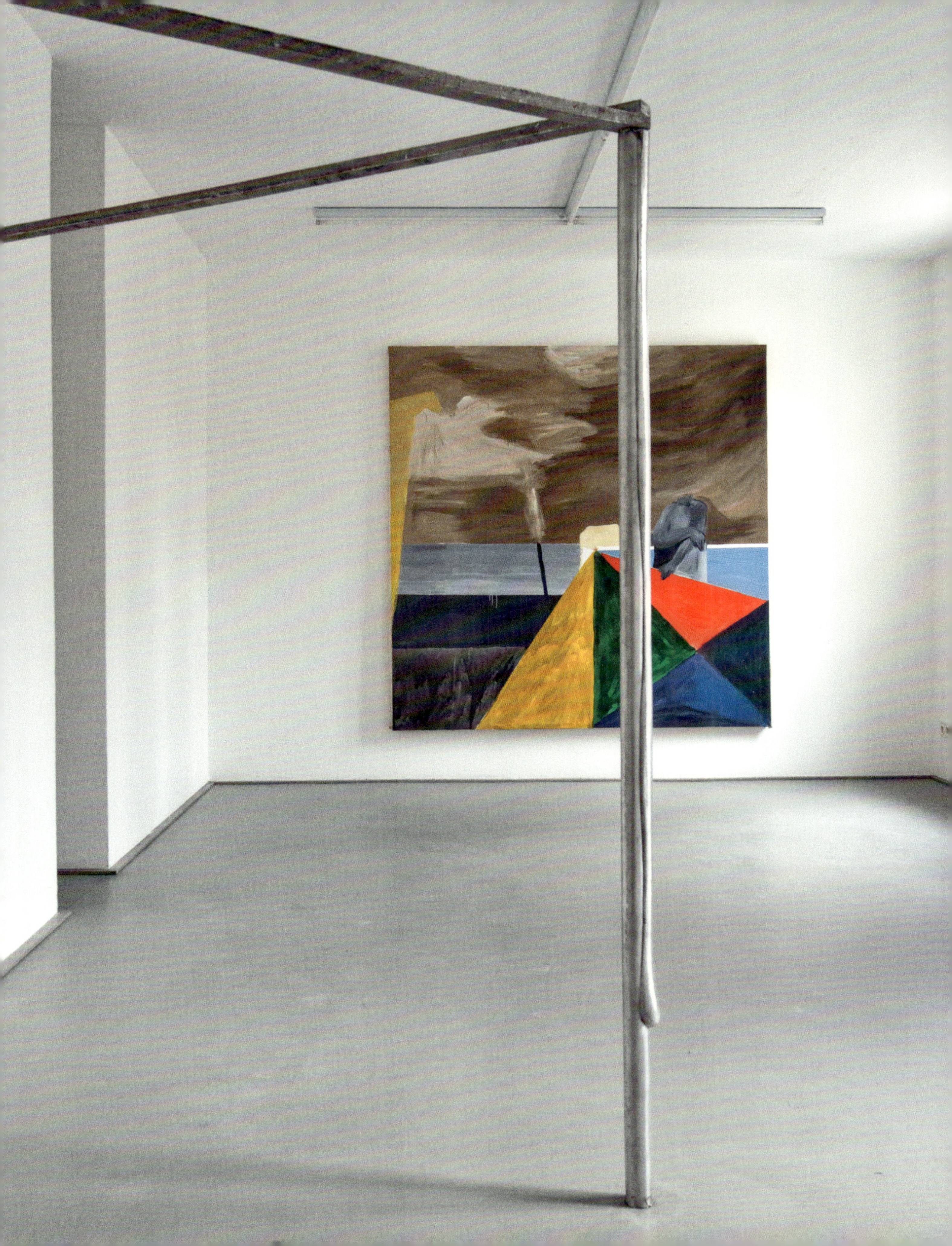

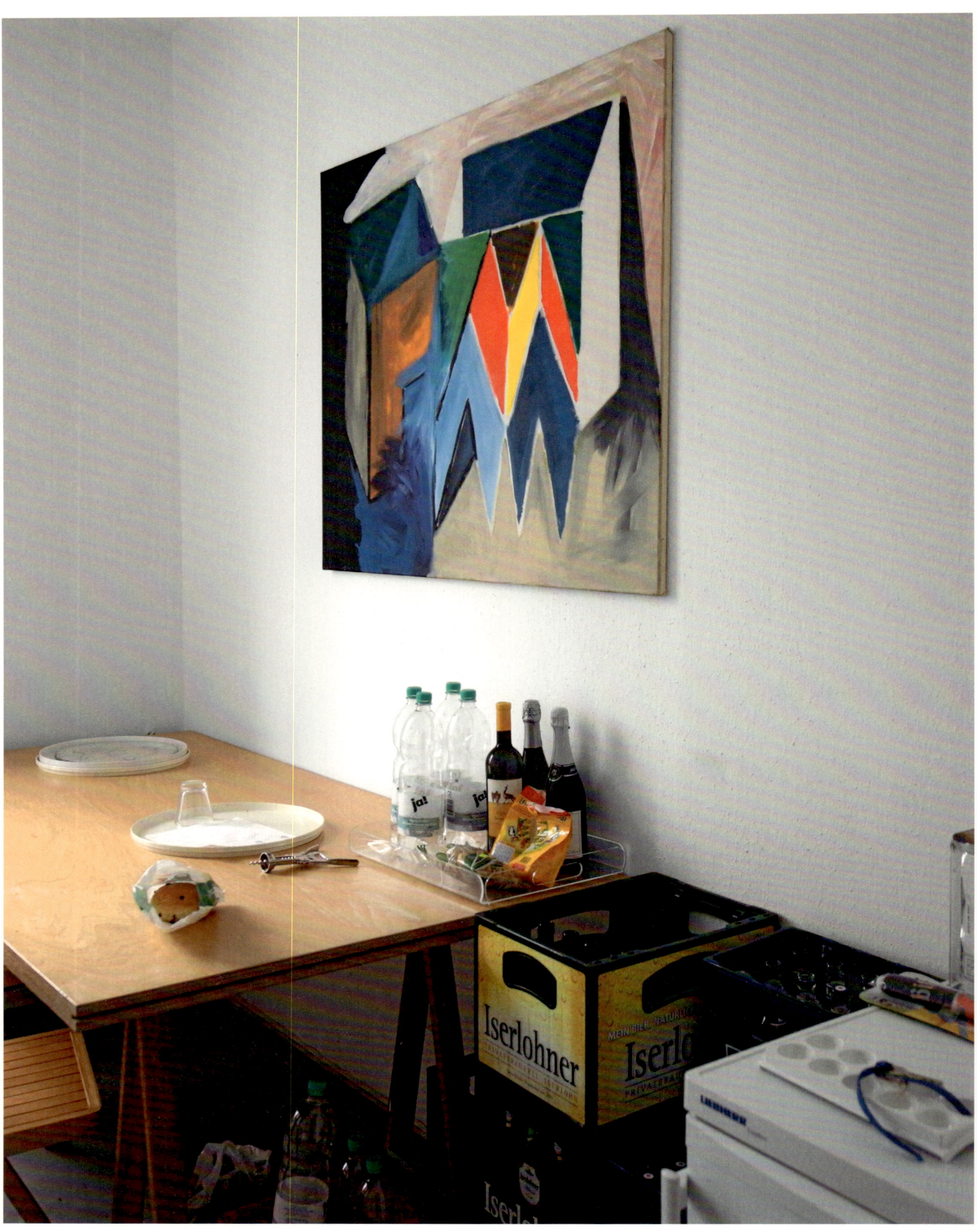

ja!
ja!
Iserlohner
Iserlo
MEIN BIER. NATÜRLICH
Iserlo
PRIVATBRAU

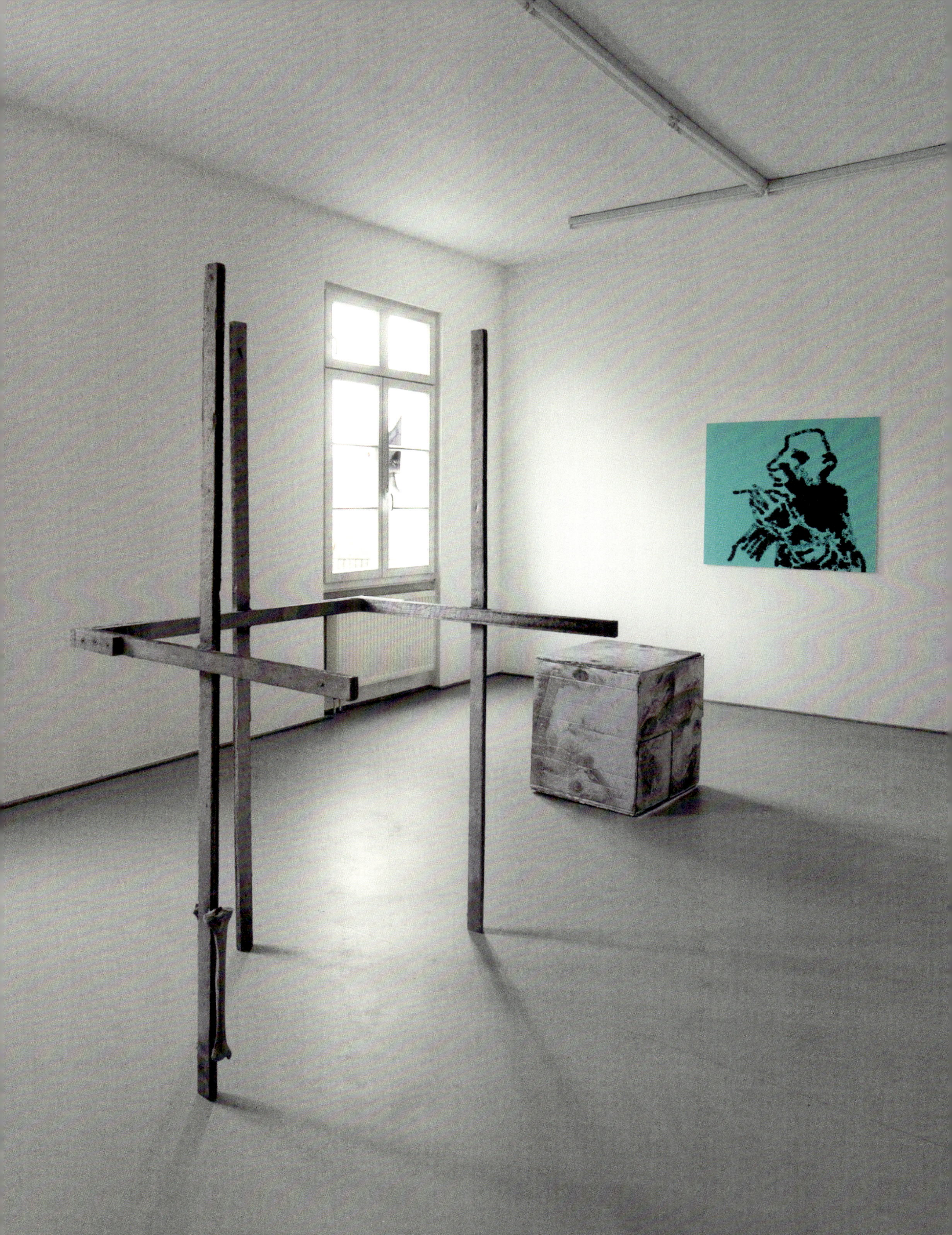

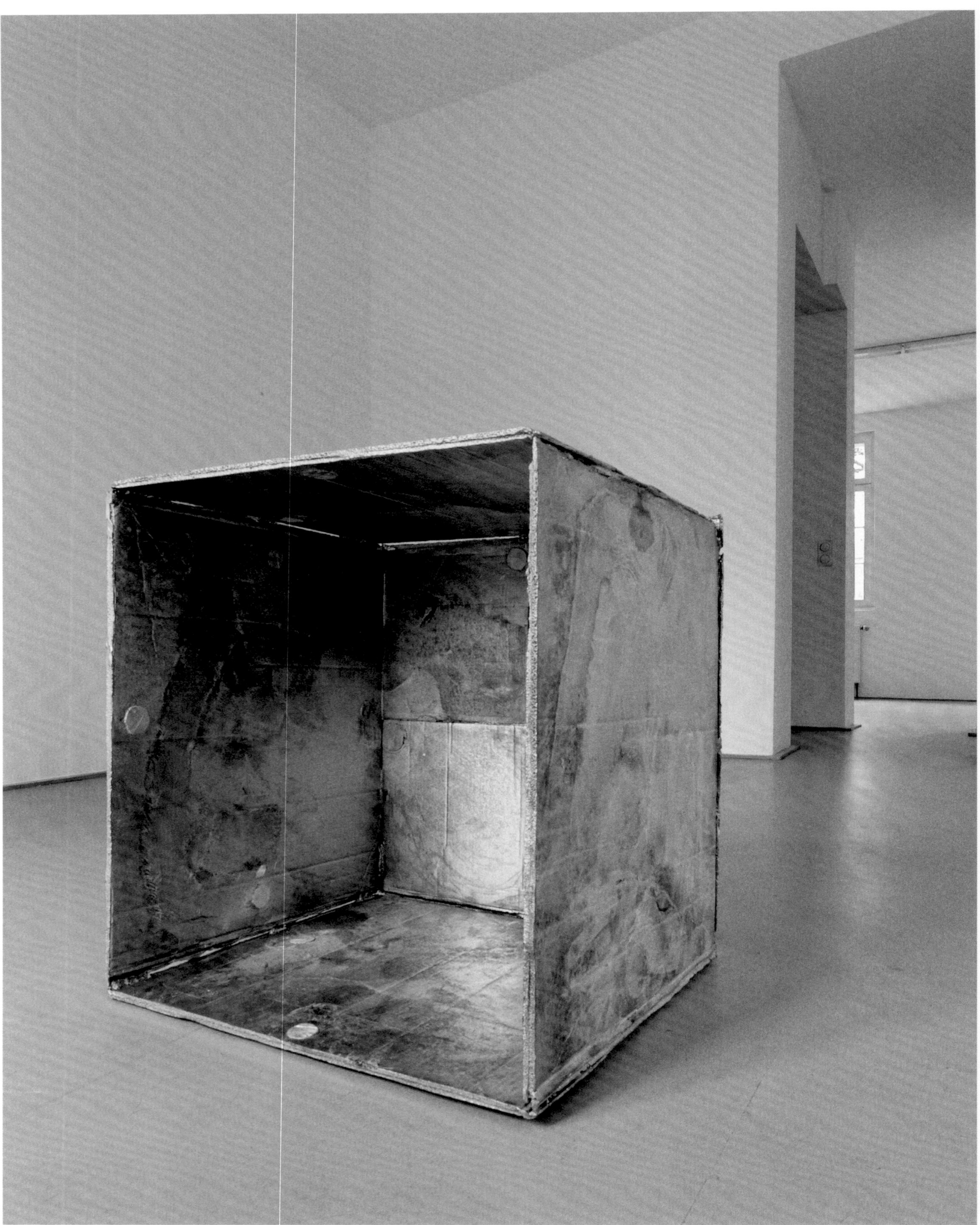

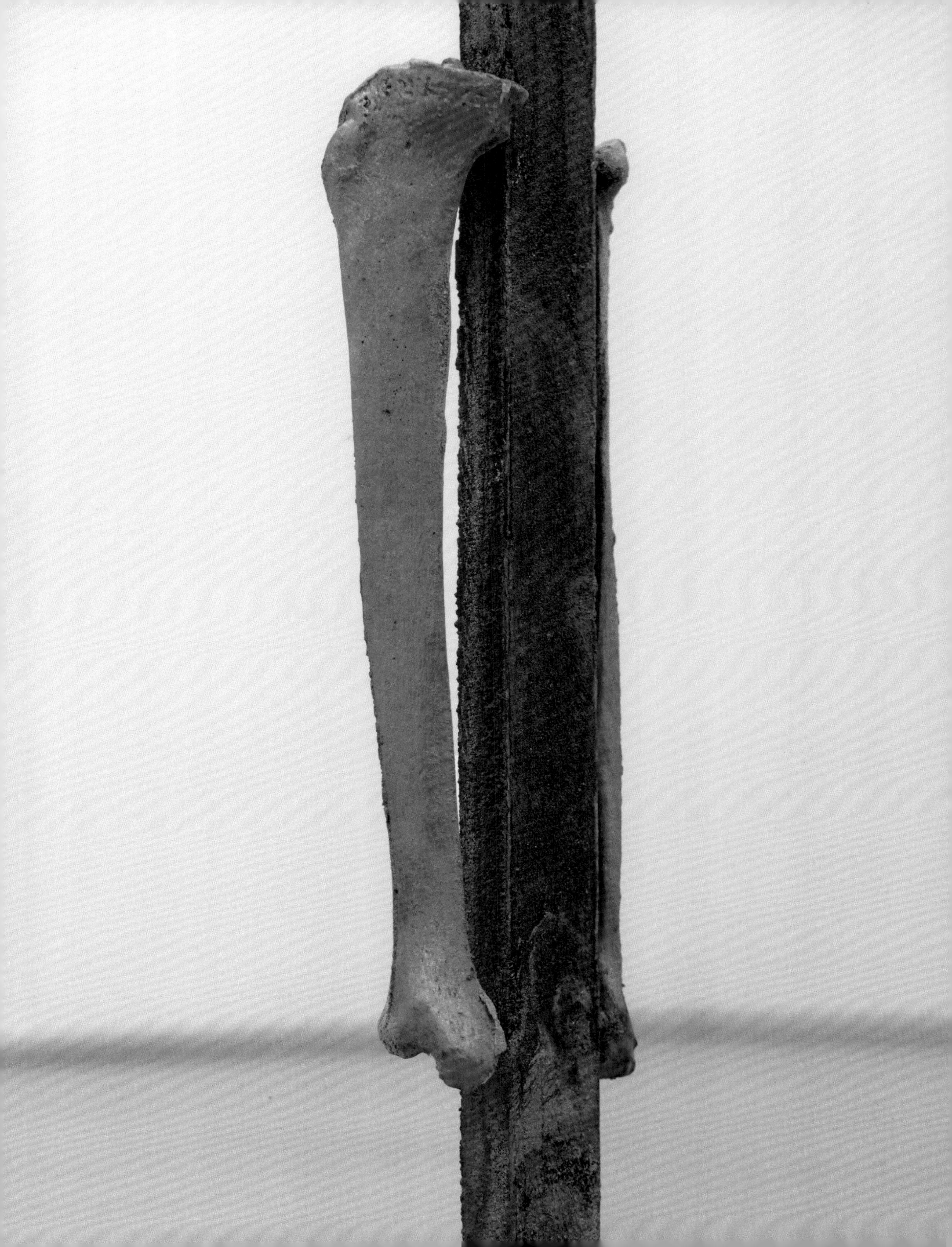

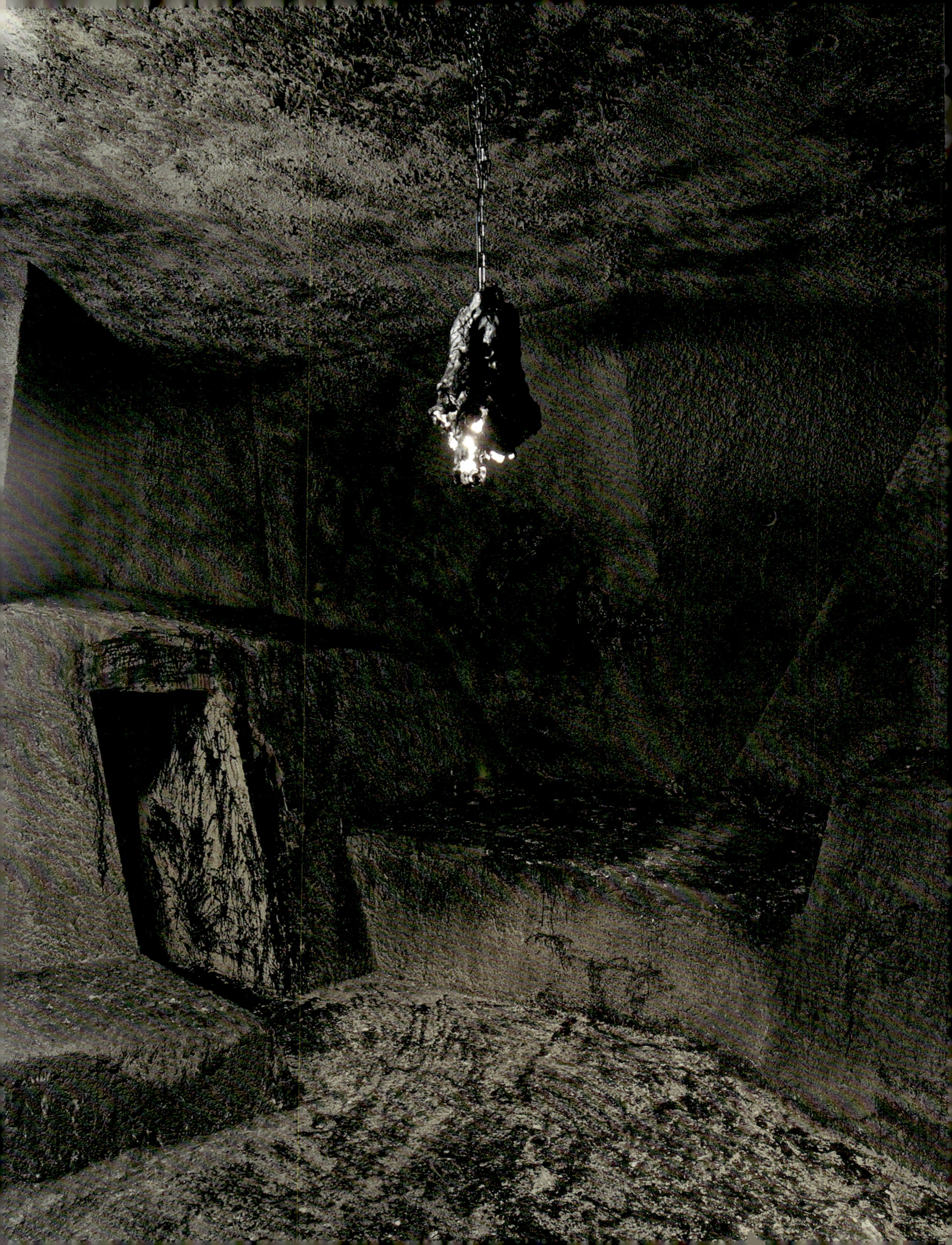

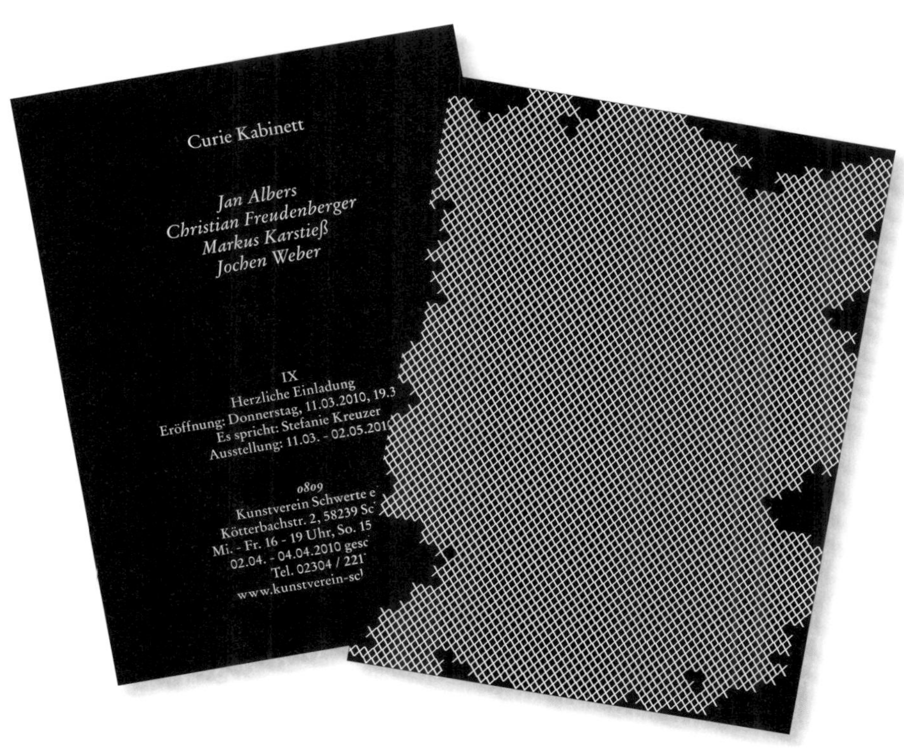

IX

Curie Kabinett

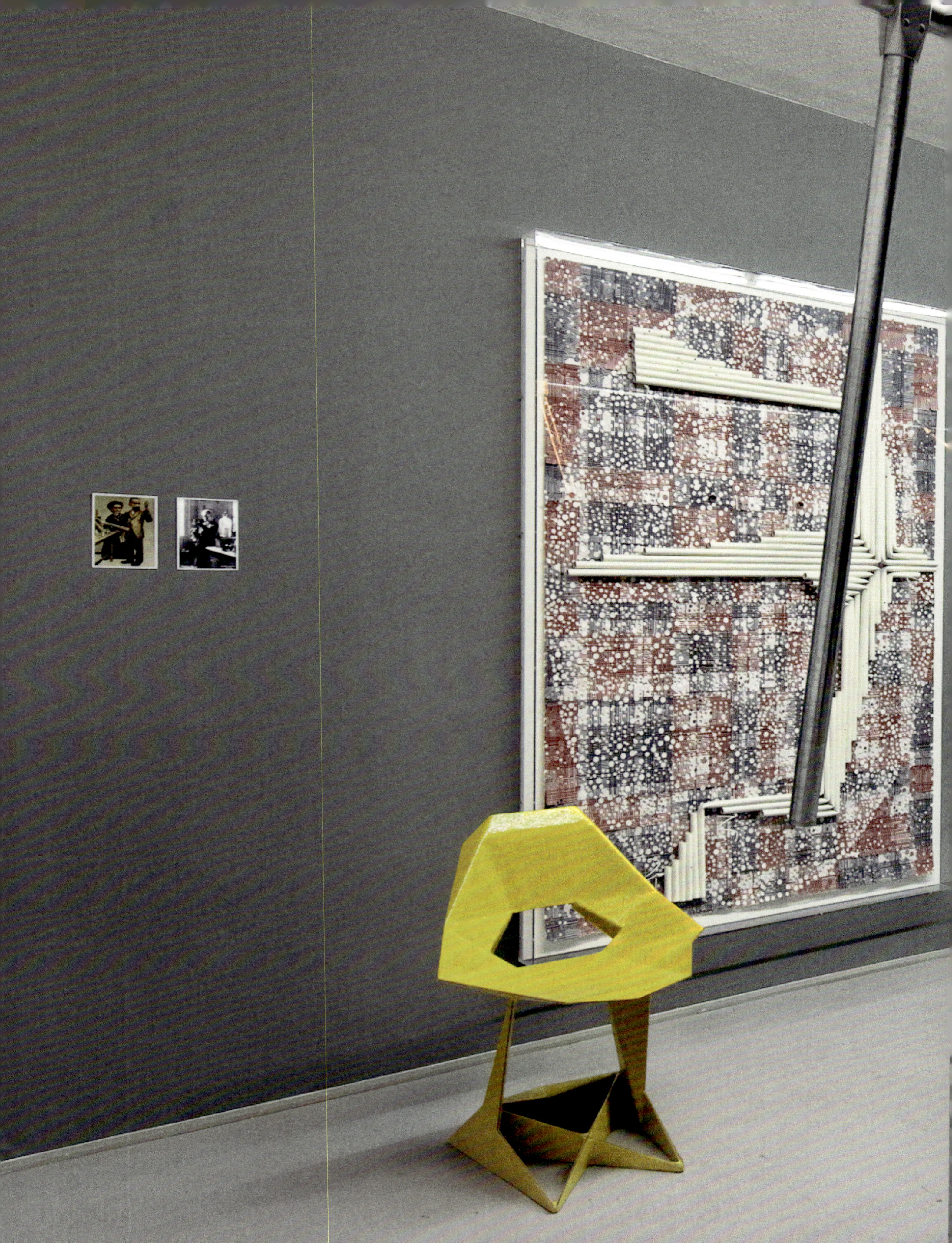

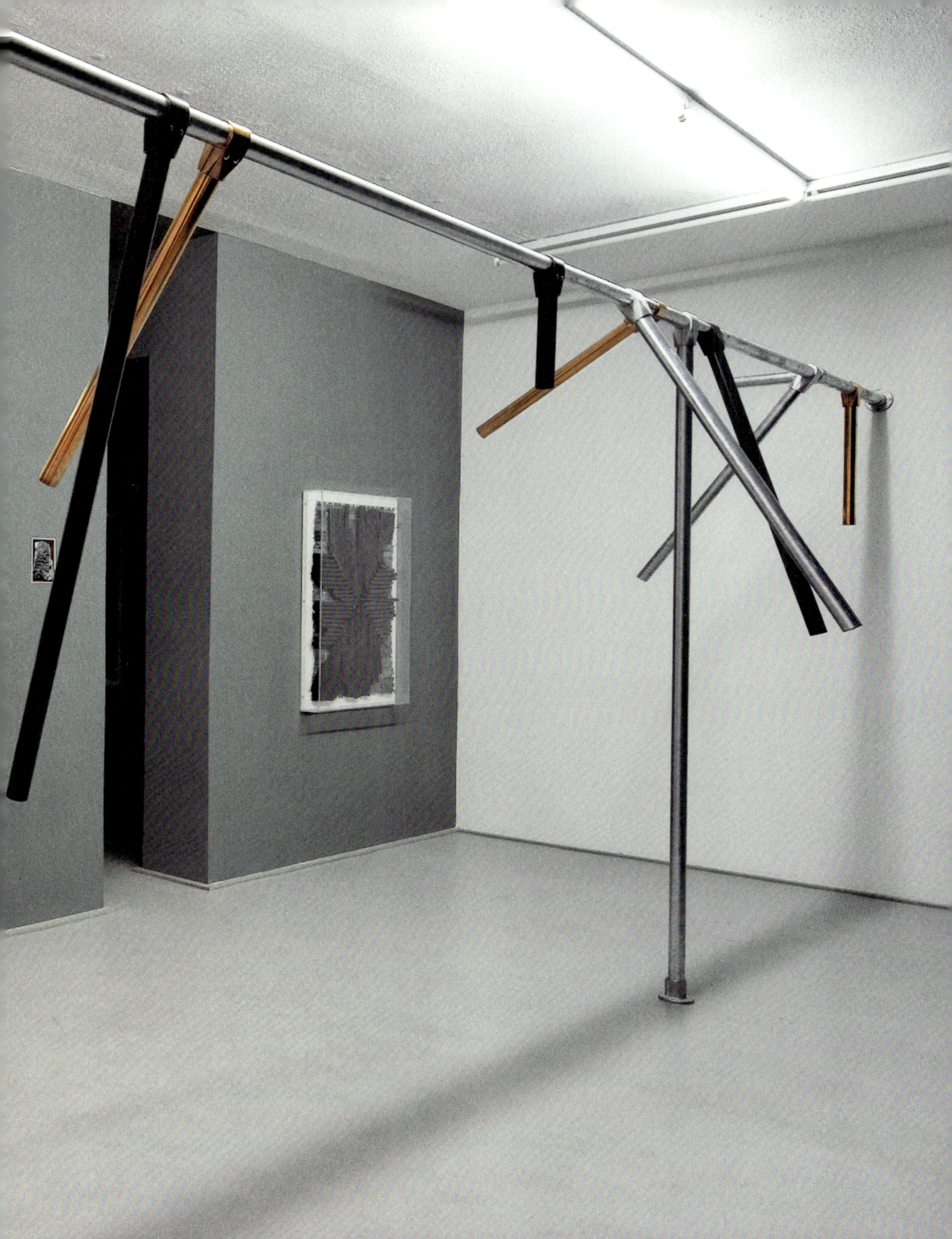

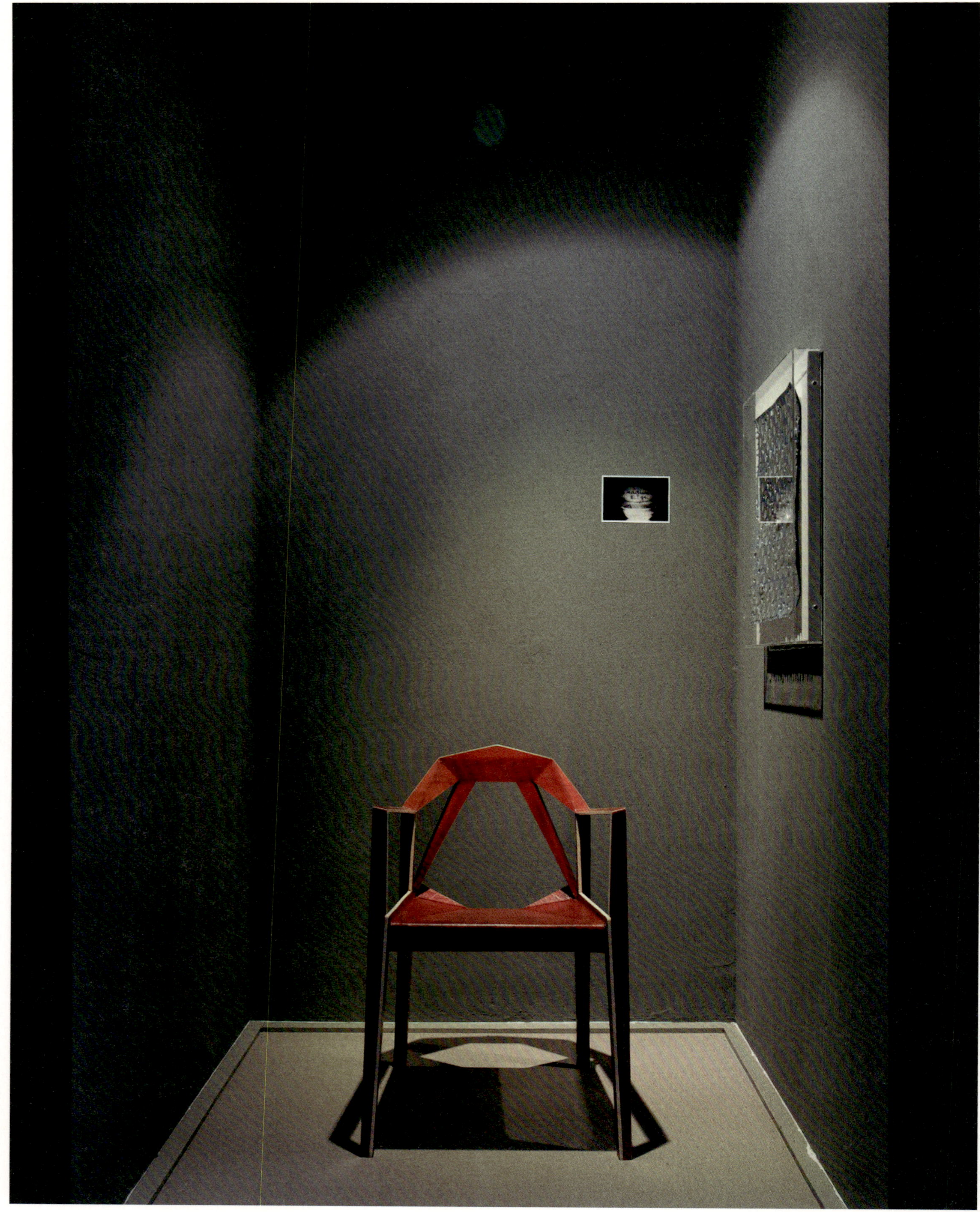

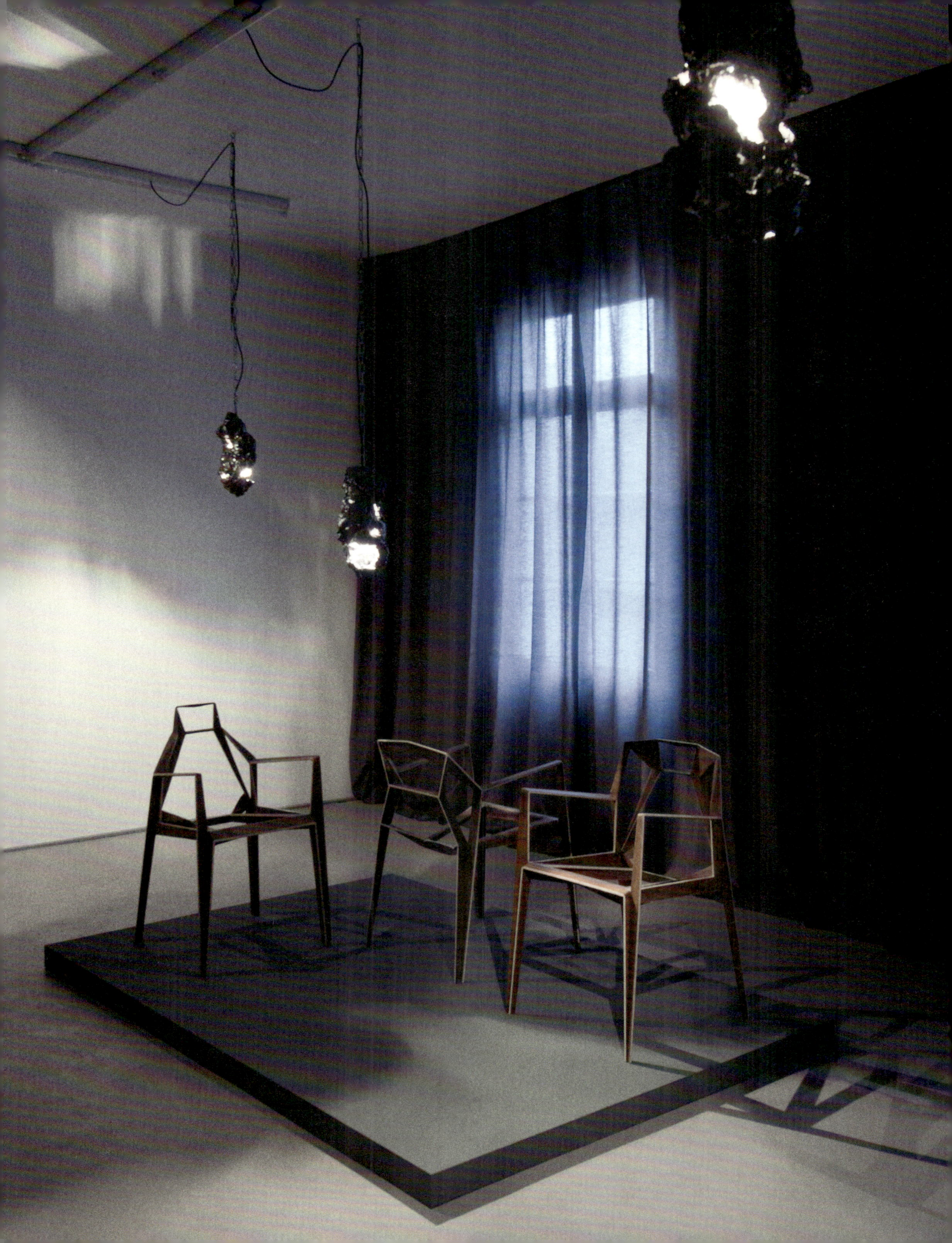

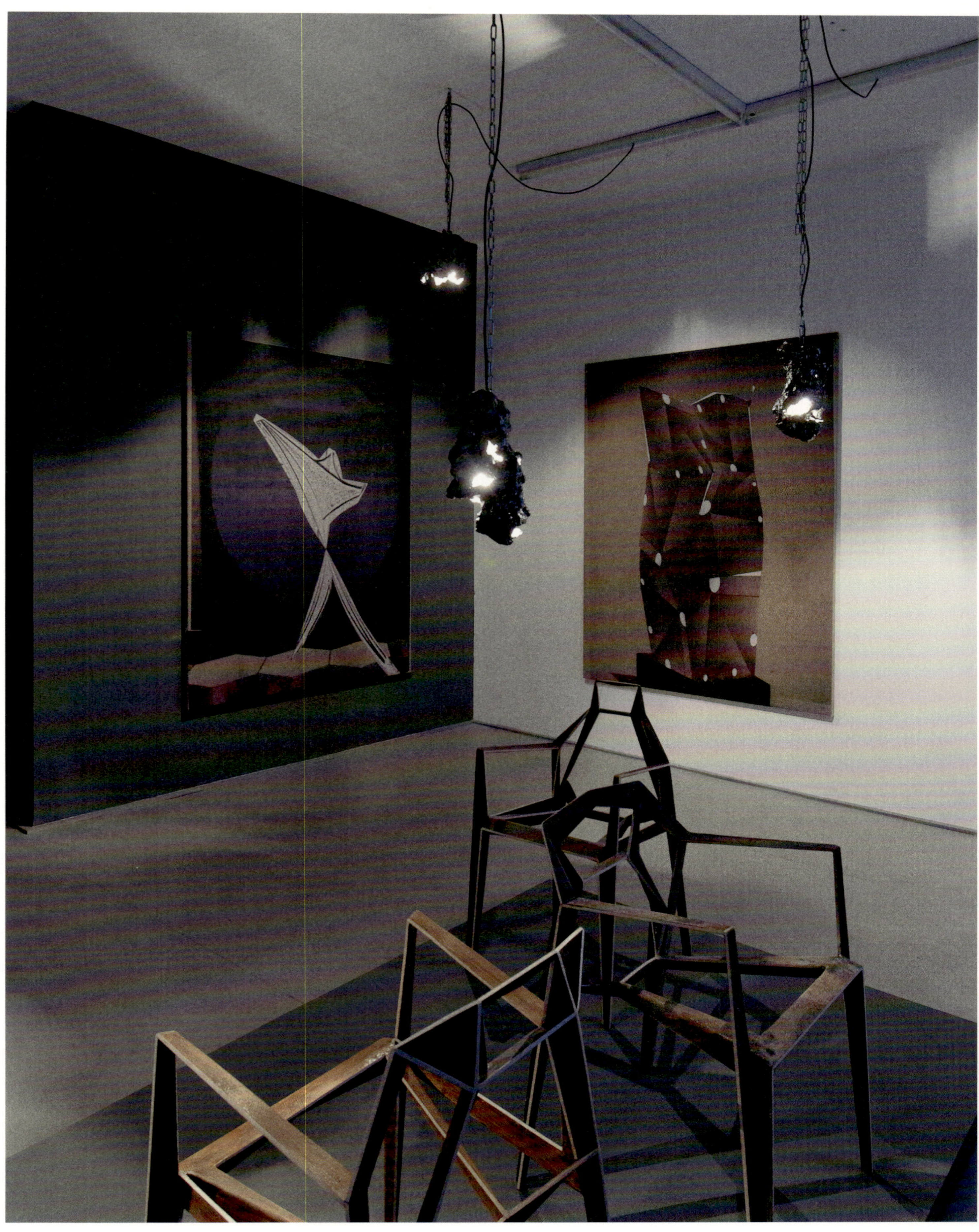

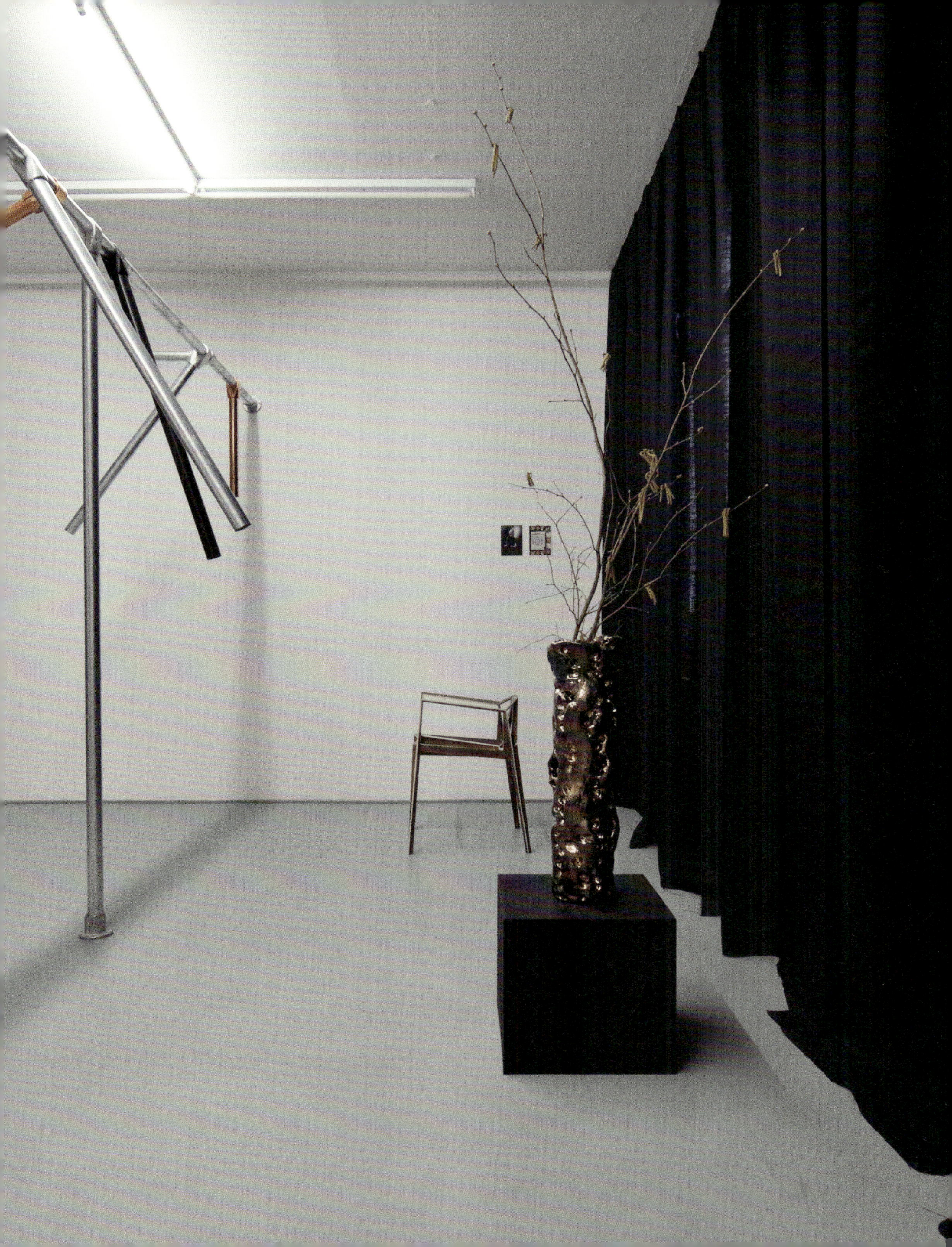

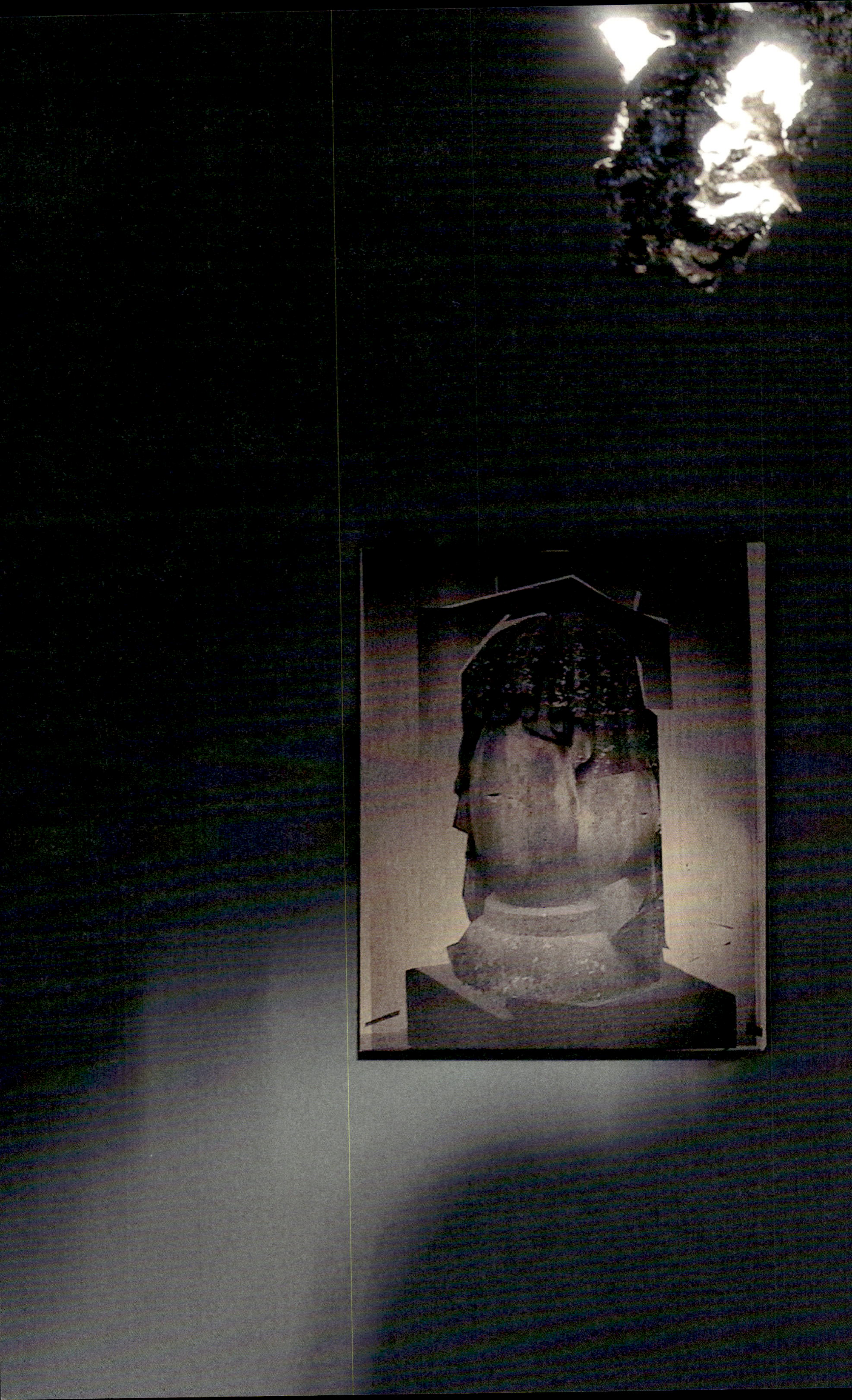

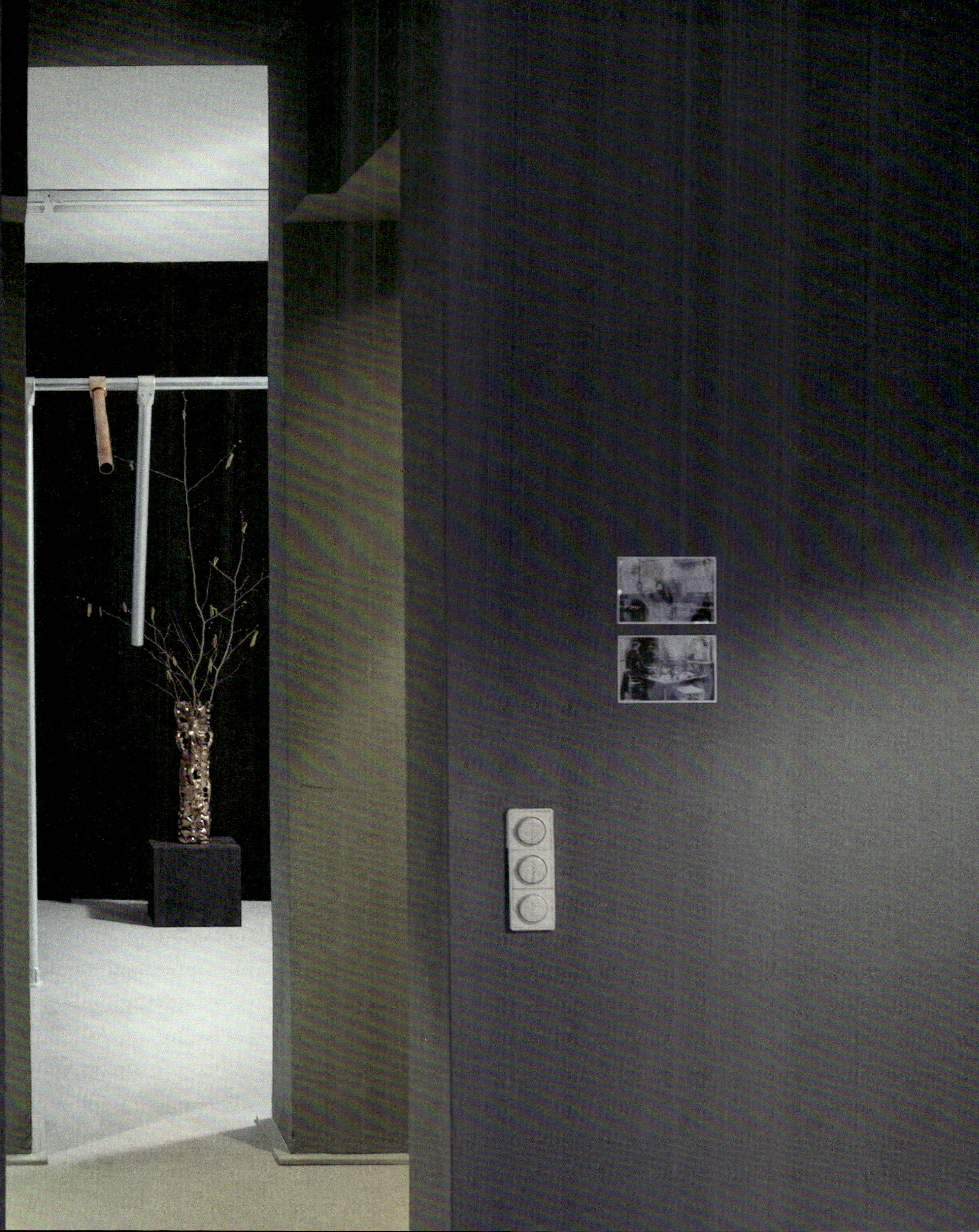

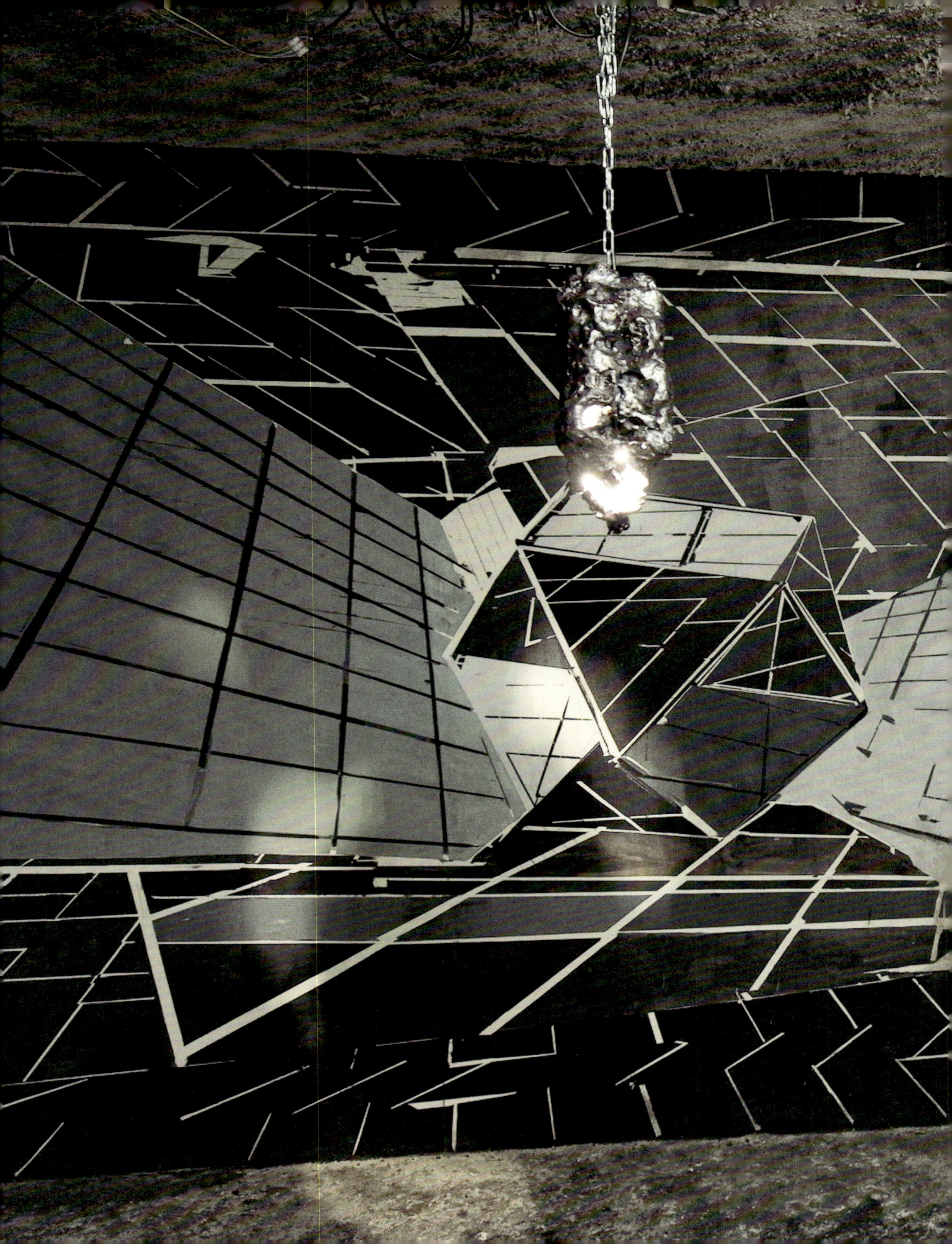

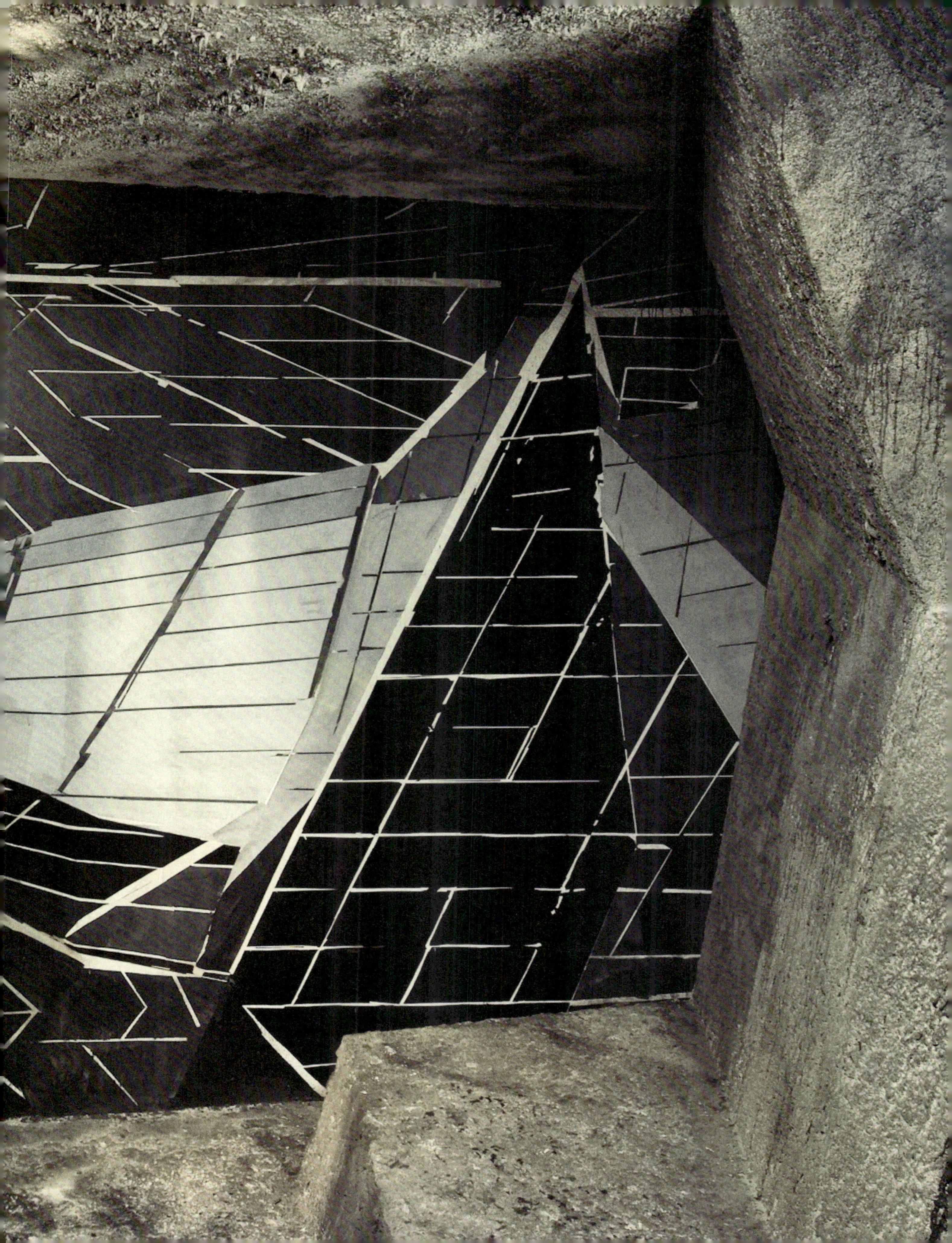

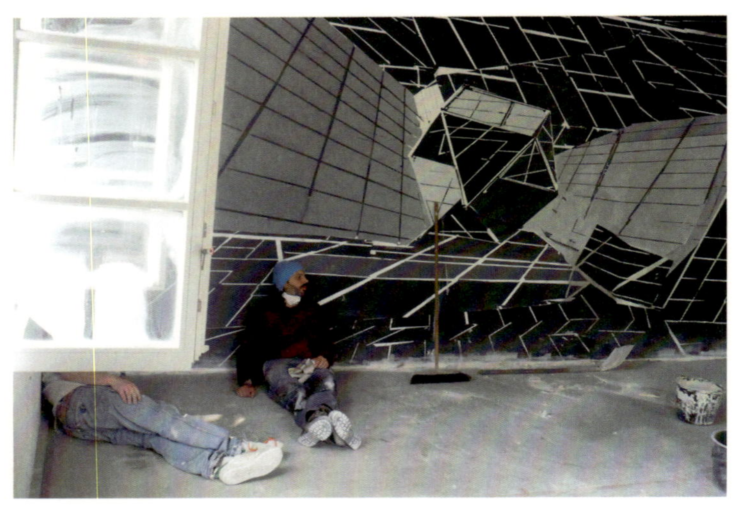

Von

HÖHLENMENSCHEN

und

GROTTENFORSCHERN

Stefanie Kreuzer

Die seit der Renaissance bei den Söhnen und Töchtern des europäischen Adels sowie später auch bei jenen des Bürgertums als unverzichtbar für die standesgemäße Ausbildung angesehene „Grand Tour" führte zu den kulturellen Stätten der Antike sowie der Renaissance. Somit brachen die in Sachen Bildungsreise Tourenden bei ihrer obligatorischen „Kavalierreise" gen Süden auf und besuchten Länder wie Italien und Spanien oder gar das Heilige Land.

Als unangefochtenes El Dorado der Suchenden galt Italien – das neue „Arkadien"! Dort manifestierte sich das magische Erleben. Zugleich schob sich damit aber auch ein gehöriger Schrecken vor das Erreichen des ersehnten Landes. Denn bevor Schönheit und Humanismus die Bildungsbeflissenen verzaubern konnte, drohte den Sprösslingen der wohlhabenden Familien die Überquerung der Alpen. Im Angesicht der beängstigenden Berge, finsteren Täler, wolkenverhangenen Gipfel und erschreckenden Höhlenschlunde folgten viele der Reisenden im 18. Jahrhundert, als die Tour ihren Höhepunkt erlebte, der Devise „Augen zu und durch".

Mit dem Aufkommen der Romantik im 19. Jahrhundert entwickelte sich dann aber eine Perspektivverschiebung, die nicht nur das Mittelalter – insbesondere die Gotik –, sondern auch die „Nacht- und Schattenseiten" des Daseins in den Blick rückte. Nicht mehr das strahlende Licht des an der Antike inspirierten Klassizismus oder die durch die Vernunft determinierte Philosophie der Aufklärung bildeten nunmehr die Fixsterne der Reisenden, sondern im Begehr ihres kognitiven Erlebens standen die „Nachtseiten" des Logos – das heißt das Gefühl, die Leidenschaft und die Sehnsucht –, kurz: der Mythos mitsamt seinen Mysterien und Geheimnissen.

Symbolische Orte rückten dergestalt ins Visier der Empfindsamen. Nicht nur die Alpen verloren ihren ästhetischen Schrecken, auch mittelalterliche Klosterruinen, nebelverhangene Waldtäler oder auch geheimnisvolle Höhlen verhießen plötzlich die Schönheit und Wahrheit einer „anderen Welt". Atmosphärisch aufgeladen werden in künstlerischen Arbeiten zerklüftete Gebirge, einsame Strände und Eismeere in Szene gesetzt oder neugierig erschreckte Blicke in Höhlen und aus Höhlen herausgeworfen. Das Dunkle und Unbekannte, der Eingang zu einer unbekannten Sphäre heizte die Kräfte der Imagination gehörig an.

Die Höhle als Inkubationsort kreativen Schaffens steht auch im Zentrum der zweijährigen kuratorischen Arbeit der beiden Künstler Christian Freudenberger und Markus Karstieß, die sie im Kunstverein Schwerte seit 2008 mit einer Serie von neun Ausstellungen realisiert haben. In der Eröffnungsausstellung, die den so bezeichnenden Titel *amorph* trägt, gewinnt die von Seb Koberstädt aus dem „Urschlamm" des expressiven Materials geformte Höhle eine erste Präsenz. Als hermetisch geschlossener Raum, der zugleich Vergangenes in sich birgt und Zukünftiges projiziert, entwickelt sie nicht nur eine andere „Zeit des Raumes", eine Eigenzeit, sondern sie bildet auch den mehr oder weniger bewussten Dreh- und Angelpunkt für die folgenden Ausstellungen. Denn schon in der zweiten Ausstellung, *Societate su i ma Logica*, wird dort – der platonschen Höhle ähnlich – symbolisch ein Feuer entzündet, indem Lin May eine Wand der Höhle mit einer hinterleuchteten Papierarbeit bespielt und damit Formen und Farben, Gestalten und Objekte vor die Wand bringt.

Im Durchbruch der Wände, im kruden Hineinschlagen von Löchern, die nicht nur das Konstruiert-Sein der Höhle offenlegen, da der Besucher nun das „Dahinter" wahrnehmen kann, sondern auch mit den aufgebrochenen Ausblicken neue Formen der „Be-" oder gar der „Erleuchtung" bewirken, wird die Höhle dann als ein Artifizielles, sprich: als ein künstlich Geschaffenes erkannt. Der so entstandene Hohlraum verwandelt sich damit aus begriffsgeschichtlicher Perspektive konsequenterweise zur „Grotte", wie es auch der Titel der dritten Ausstellung *Die Grotte & Du / Imaginationland* andeutet. In Materialanhäufungen, welche die Bruch- und Reststücke der durchschlagenen Wände mit verschiedensten Gegenständen des alltäglichen Seins vermischen, legt Alex Jasch die „Grammatik", die „Struktur" der Höhle als „Wunde" frei, die in ihrem Auseinanderklaffen, in ihren Wundrändern auf die Differenz von Artifiziellem und Natürlichem verweist.

Die Fiktionalisierung des Höhlen- oder Grottenraums wird durch „Höhlenmalereien" oder „Höhlenzeichnungen" in den darauffolgenden Ausstellungen, die in den beiden angrenzenden Räumen des Kunstvereins auch schon mal als *Hokuspokus* eine „Retrospektive aus dem Koffer" von Gregor Hildebrandt hervorzaubern, vorangetrieben. In *Spastic with Cheer* erobern Yetifiguren von Heike Kati Barath sowie von Paul McDevitt die Wände innerhalb und außerhalb der Höhle, während bei *Stefan Löffelhardt* die Höhle zum Bestandteil eines größeren raumgreifenden Landschaftsensembles wird, das er mit alltäglichen Materialien wie Gips, Holz, Folien etc. schafft und das sich über Wände, Decken und Böden hin zu einem „Ideen-Landschaftsraum" nebst Wolkenfeldern formt.

In einem heilenden Akt schließen Ann-Kristin Hamm und Kalin Lindena die Wunden der Höhle, ohne allerdings ihre „Narben der (ästhetischen) Erkenntnis" zu verdecken. Stoff spannt sich über die Durchbrüche, verschließt den Ausblick und lässt dennoch zugleich diffuses Licht durch die Öffnungen strömen. Die Höhle kehrt zur Idee eines Hohlraums, eines Imaginationsraums zurück, der mit Ideen gefüllt werden kann – mit Malereien, Skulpturen, Zeichnungen oder, wie in der vorletzten Ausstellung *Drescher / Wadé* geschehen, mit Projektionen. Der durch Materie verschlossene Raum kann aber wie im *Curie Kabinett* von Jan Albers, Christian Freudenberger, Markus Karstieß und Jochen Weber, der abschließenden Ausstellung der Reihe, erneut, wenn auch auf eine vollkommen andere Art und Weise „aufgebrochen" oder vielmehr in atmosphärischen Vibrationen, in Strömen und Strahlen transzendiert werden.

Die Höhle bestimmt einen eigenen zeitlichen Rhythmus, der sich mit den laufenden Ausstellungen überkreuzt, aber keinesfalls ihrer „klassischen" Abfolge gehorcht. Während in den Ausstellungen die Künstler den Raum beständig „neu" definierten, ihn in Korrelation zu ihren Arbeiten setzten und damit von Präsentation zu Präsentation je nachdem auch neu erfanden, widerstand der Höhlenraum einem solchen inszenierenden und gleichzeitig auslöschenden Umgang mit den Einschreibungen in den Raum. Beharrlich hielt er die Stellung, archivierte Eingriffe, mutierte gelegentlich, um dann wieder Verborgenes zu offenbaren. Das macht ihn auf eine gewisse Art und Weise erfreulich unbequem!

Kein über Jahre hinweg festgezurrter „Masterplan" lag den Abfolgen zugrunde, relativ spontane Einladungen an die Künstler vonseiten ihrer Kollegen erfolgten und wurden ihrerseits angenommen, auch wenn sie die Eingeladenen auch zu relativ spontanem Handeln zwangen, bei dem – im Rückblick auf die gesamte Reihe der Ausstellungen – der akkumulative Aspekt der künstlerischen Beiträge und nicht die projizierende kuratorische Idee im Vordergrund stand. Mit diesem von Christian Freudenberger und Markus Karstieß für Schwerte so erfolgreich durchgeführten kuratorischen Ansatz haben sie an peripherer Stelle ein heißes Fenster der zeitgenössischen Kunst geöffnet, das sich in den zwei Jahren ihres Engagements zu Recht zum „mystischen Ort" einer „Grand Tour "entwickelt hat. Die Reisenden des 21. Jahrhunderts orientieren sich nicht mehr an den Fixsternen vergangener Zeiten, sondern pilgern zu den Stätten „zeitgenössischer Höhlen".

Sichtbares und Unsichtbares, Offensichtliches und Verborgenes, Künstliches und Natürliches werden im Erkenntnisraum der Höhle hinterfragt, der damit im Ausstellungszyklus nicht nur ein entscheidendes Moment als „Keimzelle" der unterschiedlichsten künstlerischen Arbeiten bildet, sondern auch aufseiten der Betrachter ein inspirierendes Moment visuellen Denkens inszeniert, das sie zu Höhlenmenschen und Grottenforschern werden lässt.

Düsseldorf 2010

CAVE DWELLERS
and
SPELEOLOGISTS

Stefanie Kreuzer

The "Grand Tour," regarded as an indispensable part of a proper education for the sons and daughters of the European aristocracy since the Renaissance, and later by those of upper-middle-class families as well, drew young people to the cultural monuments of classical antiquity and the Renaissance. Thus these student-tourists embarked south for points on their obligatory "cavalier journeys," visiting such countries as Italy and Spain, and often even the Holy Land.

Italy was regarded as the unrivalled El Dorado—the new Arcadia!—for those in search of knowledge. It was there that magical experiences awaited them. Yet they faced a massive obstacle on their way to the land of their dreams. For before these avid seekers of enlightenment could be enchanted by beauty and Humanism, they—the sons and daughters of wealthy families—had to cross the Alps. Confronted by daunting mountains and terrifying gorges, many eighteenth-century travelers adopted the maxim of "Grit your teeth and get on with it" when their tour reached its highest point.

The emergence of Romanticism in the nineteenth century was accompanied by a shift in perspective which moved not only the Middle Ages—and Gothic culture in particular—but also the "dark and shady sides" of life into focus of interest. Neither the radiant light of classicism inspired by the cultures of ancient Greece and Rome nor the philosophy of the Enlightenment founded on reason were the guiding stars of these travelers. The object of their cognitive experience was now the "nocturnal aspects" of logos, that is, emotion, passion and longing—in short, the realm of myth, with all of its mysteries and secrets.

Thus symbolic places captured the attention of these sensitive observers. While the Alps lost their aesthetic horror, the ruins of medieval monasteries, mist-shrouded forest valleys or mysterious caves suddenly offered the promise of a "different world." Craggy mountain peaks, lonely beaches and icy seas were de-picted in works of art charged with atmospheric power. Curious, anxious gazes were cast into and out of the mouths of caves. The dark and unknown, the entrance to an unfamiliar sphere of existence, gave new impetus to the powers of imagination.

The cave as an incubator of creativity is also the focus of the two-year curatorial project pursued by artists Christian Freudenberger and Markus Karstieß and realized in a series of nine exhibitions at the Kunstverein Schwerte since 2008. In the opening exhibition, which bears the revealing title *amorph*, the cave formed by Seb Koberstädt from the "primal mud" of expressive material assumes an initial presence. As a hermetically sealed space which contains elements of the past while projecting aspects of the future at the same time, it not only develops a different "time of space," a time of its own, but also represents a more or less deliberately postulated point of departure for the subsequent exhibitions. For in the very next exhibition, entitled *Societate su i ma Logica*, a fire is symbolically ignited there—as in Plato's cave—when Lin May places a backlit work on paper on a wall of the cave and thus projects forms and colours, shapes and objects onto the wall.

In breaking through the walls, in the crude gouging of holes which not only expose the constructed nature of the cave, since the viewer is able to see what lies behind it, but also reveals new forms of "illumination" and even of "enlightenment" through the opened vistas, the cave is identified as an artificial one, as an artificially created phenomenon. The resulting hollow space is thus transformed logically from the perspective of the history of ideas into a "grotto," as is suggested by the title of the third exhibition: *Die Grotte & Du / Imaginationland*. In accumulations of material in which fragments and remains of broken walls are combined with numerous different everyday objects, Alex Jasch exposes the "grammar," the "structure" of the cave as a "wound," whose gaping appearance and inflamed edges point to the difference between the artificial and the natural.

The process of fictionalizing the interior of the cave or grotto is taken a step further in "cave paintings" or "cave drawings" presented in the following exhibitions, which conjure up a "retrospective from a suitcase" by Gregor Hildebrandt in *Hokuspokus*. In *Spastic with Cheer,* Yeti figures by Heike Kati Barath and Paul McDevitt adorn the walls inside and outside of the cave, while in the *Stefan Löffelhardt* exhibition, the cave becomes an element of a larger, expansive landscape ensemble, which he creates out of such everyday materials as plaster, wood, plastic sheeting, and so forth, and which forms a "landscape of ideas" alongside fields of clouds covering the walls, ceiling, and floor.

In an act of healing, Ann-Kristin Hamm and Kalin Lindena close the wounds of the cave, but do not conceal its "scars of (aesthetic) knowledge." Fabric is stretched over the holes, blocking the view, yet allowing diffuse light to flow through the openings. The cave returns to the idea of a hollow space, a space of imagination that can be filled with ideas—with paintings, sculptures, and drawings or, as in the next-to-last exhibition entitled *Drescher / Wadé*, with projections. The room enclosed by matter can also be "broken apart," or rather transcended in atmospheric vibrations, streams and rays in a completely different way, as in *Curie Kabinett* by Jan Albers, Christian Freudenberger, Markus Karstieß and Jochen Weber, the final exhibition in the series.

The cave dictates a temporal rhythm of its own, one which intersects with the ongoing exhibitions but does not obey their "classical" sequence. Whereas the artists continually "redefined" the space in their exhibitions, correlating it with their works and thus reinventing it from presentation to presentation, the cave space itself resisted such staged approaches, which also involved processes of dissolution, to the inscriptions within it. It stubbornly held its position, recording interventions and mutating from time to time, only to reveal hidden aspects again and again. In a certain sense, that made it gratifyingly difficult to deal with!

The sequence of presentations was not based on a "master plan" developed over a period of years. Relatively spontaneous invitations were issued to the artists by their colleagues and were accepted, although they also compelled those invited to perform relatively spontaneous acts in which—as becomes evident when one reviews the entire series of exhibitions—emphasis was placed on the cumulative aspect of the artists' contributions rather than the projecting curatorial concept. With this curatorial approach, realized with such success for Schwerte by Christian Freudenberger and Markus Karstieß, they opened a fascinating window onto contemporary art which quite appropriately developed into a "mystical place" on a "Grand Tour" at a peripheral point. Twenty-first-century travelers no longer orient themselves toward the guiding stars of past ages but instead undertake pilgrimages to the sites of "contemporary caves."

Aspects of visible and the invisible, the obvious and the hidden, the artificial and the natural are exposed to critical questioning in the "cognitive space" of the cave, which in the course of the exhibition series thus represents not only a decisive moment as a "germinal cell" for the different works of art but also stages an inspiring moment of visual insight for the viewers, one that transforms them into cave people and speleologists.

Dusseldorf 2010

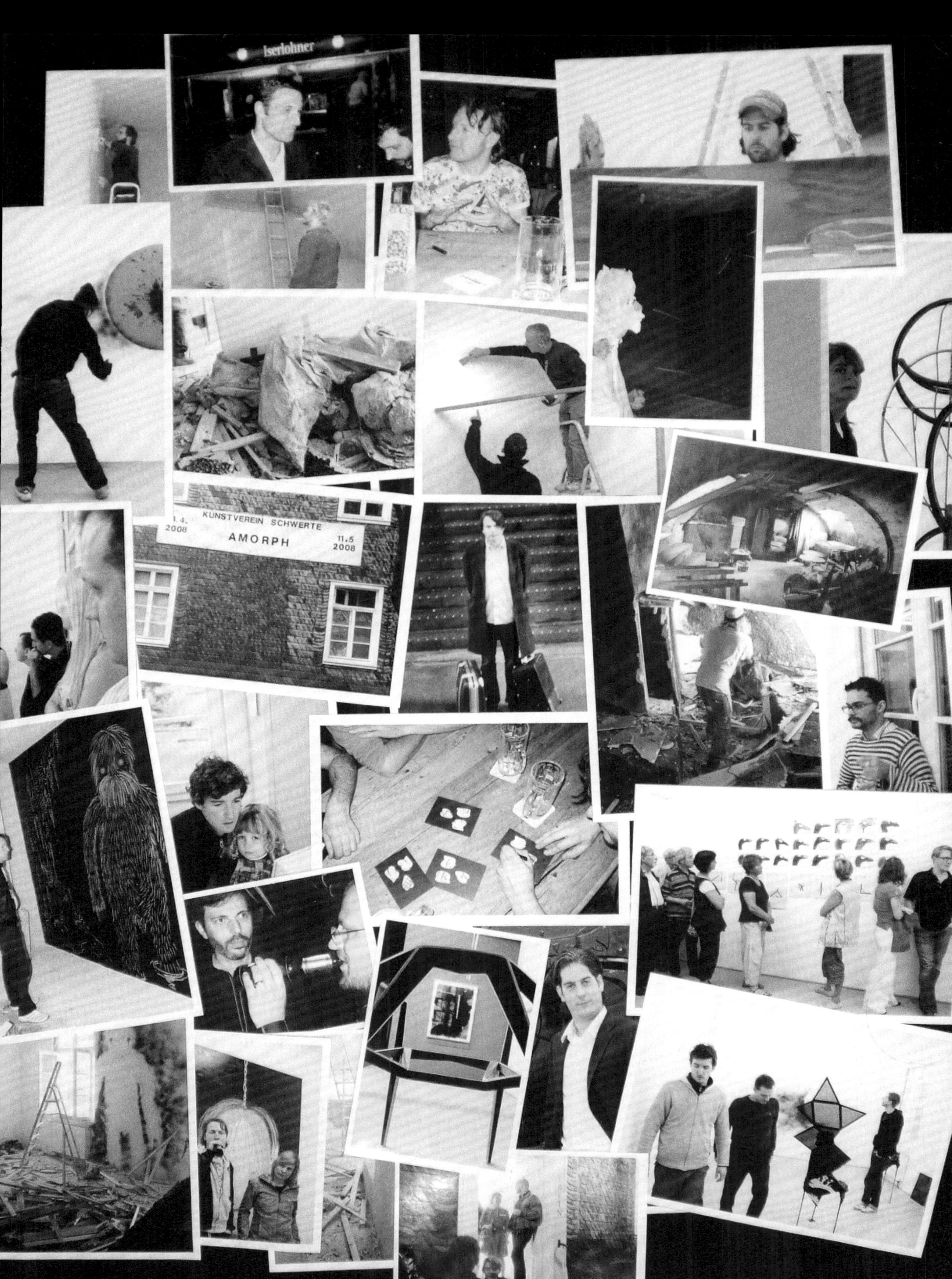
Iserlohner
KUNSTVEREIN SCHWERTE
1.4.
2008
AMORPH
11.5
2008

9 AUSSTELLUNGEN

I
AMORPH
Seb Koberstädt, Andrew Palmer, Tobias
Hantmann, Skafte Kuhn

Die vier Künstler der Ausstellung
navigieren im Amorphen, im Material.
Dieses Navigieren endet nicht mit der
Installation im Kunstverein, es findet
seine Fortsetzung. Die in der Ausstellung
gezeigten Arbeiten sind Kanäle, sie lösen
Vorstellungswelten aus, das Navigieren
setzt sich fort, sie sind Eingänge, nicht
Endpunkte.

Die Ausstellung zeigt eine Tendenz in
der aktuellen Kunstentwicklung, die
Formfindung in der Auflösung der
Gestalt zu suchen: im Ätherischen, im
Klang, im Amorphen, und sich dabei
der Herangehensweisen des Spirituellen
oder sogar Okkulten zu bedienen.
Das alles mit deutlichen Verweisen auf
die Gegenwart.

Seb Koberstädt verwandelte den
Raum in eine Höhle. Seine Arbeiten
sind Betonsperren im Leben. Sie
zwingen in die Ecke, wo Behausung
und Existenz ihren gemeinsamen
Ursprung suchen. Wir stehen mitten in
seiner aus Baustoffen transformierten,
begehbaren Skulptur und sehen dabei
auch in den Künstler selbst. Seine
Auseinandersetzungen werden sichtbar
an der Oberfläche der verwendeten
Materialien und in der absoluten Form
der Umsetzung.

Andrew Palmer projiziert seine
Bildwelten auf kleine, fein beschichtete
Leinwände und Holzplatten. Sie zeigen
Wege in Welten, die in uns und weit
außerhalb von uns sind. Geometrische
Strukturen, archetypische Formen und
rätselhafte Lichteinfälle verweisen auf
ein räumlich und zeitlich unbegrenztes
Paralleluniversum. Spirituellen
Fragen nach dem Unbekannten und
Unendlichen geht er nicht aus dem Weg.
Dabei entstehen amorphe Öffnungen
in Raum und Zeit, die endlich wieder
von der Kunst begangen werden
müssen. **Skafte Kuhn** entwickelt seine
Skulpturen aus subtilen, poetischen
Klang– und Textgeflechten der
Underground-/Populärmusik, verbunden
mit klassischen Dramen der Literatur
und des Theaters. Sie wachsen empor
wie Rauchsäulen oder verweilen an
der Wand wie Raureif. Der Betrachter
selbst wird Teil einer dreidimensionalen
Abstraktion inmitten amorpher
Landschaften. Zeit und Raum bleiben
unbestimmt. Titel und Textbezüge
verwandeln die Objekte zu aufgeladenen
Modellen in einem undefinierten
Zwischenraum aus Traum, Wirklichkeit
und Seelenzustand.

Tobias Hantmanns Teppicharbeiten
wirken wie verletzliche Relikte einer
vergangenen hoch entwickelten
Zivilisation und sind gleichzeitig im
Jetzt, wie die Modellzeichnungen für den
Pfad nach dem Crash der Gegenwart.
Farblich exakt zwischen einer auf
dem Sperrmüll entleerten Achtziger-
Jahre Wohnung und einer eigenen
transzendenten Vision. Mittels Hand
und Lineal werden die monochromen
Veloursteppiche in verschiedene
Richtungen gestrichen und erzeugen mit
feinem Hell-Dunkel-Kontrast der Fasern
eine im Licht reflektierende Zeichnung.
Diese wirkt temporär an der Oberfläche
und unendlich in der Tiefe ihrer
räumlich-fantastischen Projektion.

II
SOCIETATE SU I MA LOGICA
Lin May, Jochen Lempert, Jens Ullrich

Die Höhle wird aufgeladen zu einer
archaischen Kultstätte und zu einem
neuen Kirchenraum der Moderne.
Bilder von Tieren und Menschen
sind entstanden, Wesen aus der
Vergangenheit werden wiederbelebt und
Objekte erwachen auf der Halfpipe.
Die Ausstellung von **Lin May, Jochen
Lempert und Jens Ullrich** beschreibt
einen weiten Bogen von der Arche bis
zum Punkt der Gegenwart.
Societate su i ma Logica kommt
aus einer fremden Sprache und lässt
sich in seiner Vollständigkeit nicht
übersetzen. Vielmehr beschreibt der
Wortklang eine Stimmung, die zu der
Begegnung der Künstler passt. Diese
Unbestimmtheit von Zeit und Raum,
angefüllt mit latent utopischen Objekten
und Zusammenstellungen, sind Teil der
Verbindungen zwischen den Künstlern.
Der Satz erscheint wie ein Ausspruch
des merkwürdigen Wesens, das zu der
Ausstellung einlädt. **Jochen Lempert,**
der es fand, studierte Biologie und
experimentierte mit dem Medium Film,
bevor er sich der Fotografie zuwandte.
Sein enzyklopädisch angelegtes Werk
reflektiert Zusammenhänge zwischen
Naturwissenschaft und Kunst. Mit
der Methode des Bildvergleichs und
der Reihung knüpft der Künstler
dabei an wissenschaftliche und

künstlerische Präsentationsmodelle an. Er fotografiert Wesen, belebte und unbelebte: Tiere, Pflanzen, Menschen und Dinge. Sein Bildarchiv entwickelt sich zu einem wachsenden und sich verändernden Kosmos. Schwarz-weiß, dokumentarisch in seiner Wirkung, aber subjektiv mit immer neuen Abzügen und Auszügen. Seine Fotografien verweisen unprätentiös auf eine in der Gegenwartskultur verloren gegangene Beachtung für die Natur und ihre Geschöpfe. Indem er sie findet, abbildet und in eigene Zusammenhänge stellt, werden unsichtbare Kräfte freigelegt, die uns ganz aktuell hinführen zu den Beziehungen zwischen Mensch und Tier. Gemeinsamkeit und Trennung der Wesen berühren auch die Arbeiten von **Lin May**. Sie geht zurück zu dem Ausgangspunkt, als Menschen und Tiere sich auf Augenhöhe begegneten. Ihre Skulpturen, Reliefs, Zeichnungen und großen Hinterglasbilder aus Papier erzählen in selbstverfassten Fabeln von den utopisch-mythischen Lebensräumen in einer scheinbar vorgeschichtlichen Zeit. Auf der Halfpipe und der Bühne wird die Auseinandersetzung der Lebewesen zunehmend sichtbar. Raum und Zeit werden vor dem Hintergrund des Konfliktes zwischen Menschen und Tieren aufgelöst. Der Kreis schließt sich. Inmitten der Moderne taucht der Punk auf und gründet mit der Ratte eine archaische Lebensgemeinschaft. Bewusst nähert Lin May sich im Material ihrer Arbeiten den kreativen Kirchen-Kreisen, wohl weil diese in ihrer naiven Energie ursprünglicher sind als Exkurse der Kunst.

Die Beziehung zu Sammlungen, Objekten und Techniken, die zunächst nicht Teil einer künstlerischen Produktion sind, kann man auch bei **Jens Ullrich** entdecken. Frühere Arbeiten präsentierte er auf den selbst gemalten Bannern seiner friedensbewegten Eltern. Seine Bildmontagen und Collagen entwerfen ein breites Spektrum an Bezügen: Gegenwärtige Bildentwürfe stehen der Avantgardetradition von abstrakter Kunst, deren Ausstellungspräsentation, revolutionärer Typografie und experimenteller Fotografie gegenüber. Die geometrischen Schwarz-Weiß-Kombinationen als Stelen im Raum und auf Pappen, unter der Verwendung von unterschiedlichen Letraset-Buchstaben und Ausschnitten hergestellt, werden zu abstrakten Stellvertretern für Individuen. In subjektiven Zusammenstellungen werden Ullrichs Wesen, Menschen und Tiere aus der Abstraktion erweitert und erweckt. In jenem unbekannten Land sprechen sie eine neue Sprache.

III
IMAGINATIONLAND
Alexander Esters

Alexander Esters zeigt in seiner ersten institutionellen Einzelausstellung Plastiken, Reliefs und Malerei. Im *Imaginationland* verwandeln merkwürdige, abgedrehte Objekte den Ausstellungsraum in ein unbekanntes magisches Set. Die aus geschnitzten Styrodurplatten montierten Plastiken sind aus seinen eigenen Bildern entsprungene kryptische Weltverstärker. Ihr Resonanzraum wird gespeist aus Quellen, die ihre Bekanntschaft nicht freiwillig gemacht hätten – von Bruno Goller bis Heavy Metal ist alles dabei. Der Grad der Vertrautheit des Künstlers mit seinem Motivspektrum entspricht dem Grad unserer Befremdung im Aufprall mit seinen Arbeiten. Wir wandern durch ein *Imaginationland*, hineingezogen, verloren, gefunden, zwischen Spiel, Psychedelic und Morgen. Siehe auch: *Zurück in die Zukunft, Der 35. Mai* oder *Konrad reitet in die Südsee.*

DIE GROTTE UND DU
Alex Jasch, Peter Märtin

Alex Jasch durchbricht die Höhle (siehe auch: Seb Koberstädt, Schwerte I *Amorph*) und erweitert sie um ihre Licht- und Schattenseiten. Neue Räume, Durchgänge und Blicke werden freigelegt. In der vorgefundenen Situation wird aus Resten, Latten, Rupfen und Gips scheinbar achtlos ein besonderes Objekt geschaffen, aufgeladen mit gegenwärtiger Energie. Wir finden uns in den Gängen eigener Grotten wieder – gespeist von Müll und gebunden mit Gips. Veränderung, auch Vergänglichkeit der Arbeit und der eingesetzten Materialien sind Teil der künstlerischen Intention. Sie können brüchig werden und ihre Farbe verändern. Handeln und Tun konzentrieren sich für einen Augenblick und eine Ewigkeit im wirklichen und empfindsamen Kunstwerk.

Gleich nebenan projiziert **Peter Märtin** seine aus Sternenstaub destillierten Seelenwanderungen, deren Titel aus einer Stelle im Roman *Stern der Ungeborenen* von Franz Werfel entnommen sind. Aufbruch zu utopischen Reisen und den Berührungs- und Beziehungspunkten, den Auslösern im nicht zu fassenden, alltäglichen Wahnsinn und unendlichen Universum. Auf der Suche nach einer Sozialität des Ganzen. Die Bilder aus der Serie *Sternenturner*, aktuell und in den letzten Jahren entstanden, sind zum ersten Mal zu sehen. In sphärisch-ätherischen Farbdünsten der Malerei verlieren und suchen wir uns, bis wir, die Grotte verlassend, auf die Uhr schauen und – Zeit gewonnen haben.

IV
HOKUSPOKUS
Gregor Hildebrandt

Wer kennt sie nicht, die Knäuel von Magnetband, die aus verloren gegangenen Mixtapes am Straßenrand verweilen. Sie hängen flatternd in Sträuchern und geben in tiefen, spiegelnden Reflexionen ihre ätherischen, vergangenen Klänge ab. **Gregor Hildebrandt** arbeitet mit diesem Material. Von Flohmärkten und Haushaltsauflösungen finden die Bänder zu ihm. In seinem Atelier stapeln sich die Tüten mit aufgeribbelten Tonkassetten und Videobändern von Freunden oder Fremden. Er ordnet sie nach Breite, Oberflächenqualität und Farben: schwarz, anthrazit oder braun. Daraus erstellt er Tafelbilder und Vorhänge. Er verortet Biografisches und Profan-Persönliches in Form und Material, bespielt die Bänder vor der Montage auf die Leinwand mit Titeln von „The Cure", „Einstürzenden Neubauten" und „Tocotronic" oder Chansons von Hildegard Knef und Jacques Brel. Diese Aufladung ist spürbar. Das Immaterielle klingt in den minimalen Oberflächen seiner Bilder und verbreitet eine tiefe melancholische Liebe zur Poesie. Cool war gestern.

Gregor Hildebrandt reist mit einem Koffer voller Bilder aus Berlin nach Schwerte und entfaltet daraus im Kunstverein eine besondere Retrospektive en miniature. Das Flüchtige der Reise und das Rauschen der vielen Klänge manifestieren sich so im Schatten ihrer Selbst – Hokuspokus.

IN DER GROTTE:
Julio Ernesto Herrera Flores

Julio Ernesto Herrera Flores setzt ein Zeichen. Gesprühtes Zickzack von einer Ecke in die andere. Seine Arbeit: Bilder auf Leinwand und auch hier, im Sinne des Wortes, direkt! auf die Wand. Sein Motiv erscheint ohne Anfang und Ende, zugleich harter Loop, Endlosschleife und einfaches Zeichen. Flächen werden abgeklebt und gesprüht. Die Bilder verweisen auf nichts anderes als auf sich selbst. Minimale Referenzen eingeschlossen, aber die bringen uns nicht weiter. Der Sprühnebel steigt im Raum auf und gibt den Blick frei auf einen neuen Horizont in Überblendung der Moderne. Die Gegensätze verdichten sich und der Weg zurück ist unwiderruflich verbaut.

V
SPASTIC WITH CHEER
Heike Kati Barath, Paul McDevitt

Folgen wir den Künstlern in ihre eigenartigen Fantasien, in teils schmerzfreie Darstellungen, geraten wir unaufhaltsam auf die Abwege der alltäglichen Populärkultur: Die Welt ist eine Kartoffel! Nein, eine Zigarette, oder vielleicht zwei Kartoffeln und 'ne Kippe – also ein Gesicht? Mmmmmh? Wie banal! Vielleicht so: Die Welt ist ein Hase oder ein Yeti – ist immer im Verschwinden. Oder ein gigantisches Blumenbouquet oder eine zerbrochene Bierflasche oder ein Haufen Hirn. Nein, die Welt ist flach! Wie ein Bierdeckel? Ja, Bierdeckelrasterwelt mit Bergen aus Glassplittern; wie Bilder mit Wäldern aus Fugendichter und Seen aus Öl. Wirklich?

Heike Kati Barath malt Bilder. Ihre großen Formate können schon mal locker 300 cm Höhe erreichen. Auf den ersten Blick erscheinen ihre Sujets wie die Vergrößerungen von kindlichen oder naiven Darstellungen. Blonde Mädchen und pubertierende Jungen, Hasen, Asiaten, der schwarze Mann, Vincent van Gogh, Nackte und Haarlose, bedrohliche Masken und andere Gestalten stehen dem Betrachter oft in unmöglichen Proportionen und merkwürdigen Übergrößen direkt gegenüber. Raum für den Raum bleibt wenig. Bald schon weicht der erste Eindruck der Leichtigkeit einem Gefühl des Unbehagens.

Die Unmittelbarkeit der Protagonisten, die Farben, der Farbauftrag führen den Betrachter wiederholt in eine verrückte, kitschige, gerade noch auszuhaltende Kinderzimmererinnerung. Spannung aus nackter Unschuld und Freude einerseits, Verletzlichkeit und Angst andererseits sind Teil ihrer Bilderwelt. Barath illustriert keine zusammenhängenden Geschichten, vielmehr rufen ihre Arbeiten unausweichlich das kollektive Gedächtnis der Bilder und Albträume wach, die in jedem von uns schlummern. Siehe auch: *Rotkäppchen und der böse Wolf*, der Gesang der Kinder in *Nightmare on Elm Street*. Diese Bilder muss man erst mal aushalten.

Paul McDevitt arbeitet mit dem Material einer allgegenwärtigen Populärkultur: Comics, Science-Fiction und Fantasy haben seit seiner Jugend eindeutig Spuren in seinen Vorstellungs- und Bildwelten hinterlassen. Den Fundus der Illustrationen und Stile nutzt er jedoch für ganz eigene Recherchen und Geschichten. Oft sind es sehr spezielle, gegenwärtige oder historische Ereignisse und Personifikationen, die seine Bilder, Zeichnungen, Radierungen und Skulpturen auslösen. Und so kommt es in seinen imaginären Darstellungen und Landschaften zu seltsamen Begegnungen der Kulturen. McDevitt entwirft bewusste Verbindungen von High and Low: Comic-Räume und -Figuren finden sich in der Geschichte der Kolonisierung Amerikas wieder, auf Bierdeckeln malt er historische Blumenstillleben und eine verschwundene Skulptur von Henry Moore inspiriert ihn zu geflochtenen Korbobjekten. Der deutsch-amerikanische Landschaftsmaler Albert Bierstadt wird zum Auslöser für einen gezeichneten Briefwechsel mit dem

Kollegen Cornelius Quabeck. Und
als wäre das alles noch nicht genug,
malt er Bilder, die die TAZ an die
„Pastell-Palette eines Achtziger-Jahre-
Seidenmalkurses" erinnern.

VI
STEFAN LÖFFELHARDT

Stefan Löffelhardt nimmt den Betrachter
mit auf eine Reise in romantische,
bizarre Landschaften, bis zu den
Wolken und utopischen Planeten der
Gegenwart. Er ist Landschaftsmaler,
als solcher wiederum Bildhauer. Aus
alltäglichen Materialien wie Folien,
Holz, Gips, Glas und Abfallstoffen
schafft er raumgreifende Bilder und
malerische Installationen. Der Betrachter
wird aktiver Teil seines Kosmos, indem
er sich inmitten eines Weltentwurfes
wiederfindet und sich zu diesem in
Bezug setzen muss. Dabei knüpfen
die Arbeiten bewusst an die weiten
Landschaften des niederländischen
Barocks, die gestaffelten Himmelsräume
Tiepolos und die Berge und Einöden
der Romantik an. Löffelhardts Arbeiten
sind Ideen- und Seelenlandschaften, die
etwas über unsere Gegenwart erzählen.
Sie breiten sich aus, an den Wänden
und auf dem Boden, als von der Decke
hängende Bruchstücke provisorischer
modellhafter Formationen oder werden
zu fotografischen Inszenierungen.
Sie ziehen den Betrachter in
imaginäre Flugbahnen, wechselnde
und kippende Perspektiven und
Maßstabsverschiebungen. Organische
und konstruktive Elemente wechseln
sich ab, Gips, Draht und Schaumstoff,
glitzernde Folien ballen sich zu
Wolkenformationen und malerischen
Experimentierfeldern. In der Ausstellung
auch in einer Gemeinschaftsarbeit mit
der Düsseldorfer Künstlerin Heike
Kabisch, die einfach mal eine ihrer
merkwürdig unproportionierten
Frauenmädchenfiguren auf einer seiner

Wolken landen lässt. Nur scheinbar
wird dadurch ein Maßstabsverhältnis
angelegt. In **Löffelhardts** Arbeit wird
ein Streben nach einer ganz eigenen
Schönheit, Stimmung und Idylle sichtbar.
Landschaft breitet sich aus.

VII
ANN-KRISTIN HAMM
&
KALIN LINDENA

Ann-Kristin Hamm: Das Sonnenlicht tut
weh. Wenn Blinde wieder sehen können.
Bin ich Insekt und sehe in die Welt? Im
Sog der Betrachtung bleibt offen, durch
welche Augen wir sehen, was wir sehen
und welche körperlichen Zustände die
Perspektiven erklären könnten. Zeit
und Raumempfinden sind unbestimmt.
Gleichzeitig scheinen die Ereignisse in
den Arbeiten von Ann-Kristin Hamm
wie in einem halluzinatorischen
Selbstversuch, optisch, sensorisch
hervorzutreten. Hamm lässt Öl- und
Acrylfarben aufeinandertreffen,
Bildebenen werden collagenartig
übereinandergelegt und verfaltet.
Farbkleckser und Spritzer werden
im Arbeitsprozess mit kalkuliertem
Zufall zu Auslösern für verwirrende,
explosive Formen zwischen Abstraktion
und Gegenständlichkeit. Kristalline,
abstrakte Wahrnehmungssplitter und
tiefenräumliche Leerstellen fügen sich
in ihren Bildern und Wandarbeiten
zu ornamentalen Schöpfungen und
utopischen Entwürfen. Es entstehen
Öffnungen zu Bildwelten und
Assoziationsketten, die in und weit
außerhalb von uns vermutet werden
können. Ann-Kristin Hamms Bilder und
Wandcollagen berühren Grenzen der
visuellen Vorstellung. Weltraum und
Schneckenhaus, Blüte, Fächer, Mandala
und ein Batikkurs für Ameisen.

Erleben wir die körperliche Wesen-
haftigkeit der Objekte von **Kalin
Lindena** und innewohnende Wesen
treten hervor. Einige der sogenannten
Statisten treffen wir wieder in **Lindenas**
Welt, auf Rollen, mit den Möglichkeiten
von Bewegung, Tanz und körperlicher
Sprache. Wie Stellvertreter und Symbole
voller Licht und Schattenseiten, um
persönliche Gefühle, Stimmungen,
Erinnerungen auszudrücken.
Lindena verwendet in ihrer Arbeit
eine Vielzahl von Materialien und
Medien: Gemälde, Skulpturen,
Fotografien und Videos. Offenheit und
Prozesshaftigkeit prägen die Objekte
aus Papier, Stoff, Holz, Glas, Gummi,
Styropor und Gips, Eimern, Fahrrad-
und Hula-Hoop-Reifen. Dabei stellt
sie bühnenartige Situationen und Sets
her. Wandarbeiten und Papiercollagen
werden Teil einer bewussten Gestaltung
von Architektur und Raum. Motive
und Einzelfragmente aus ihren Arbeiten
werden in immer neue Zusammenhänge
aus der Vergangenheit in die Zukunft
weitergetragen und bilden die
Verästelung eines lebendigen Ganzen.
Sie scheint selbst gesetzten Regeln zu
folgen. Unterschiedlichste Einflüsse in
ihrer Kunst werden durch überlegte
Zitate und krude Materialverwendung
gebündelt, aufgebrochen und
weitergetrieben zu neuen schöpferischen
Konfessionen (siehe auch Paul Klee).
Die Welt ist mehr als das Vorhandene.
Ihr Interesse am Ganzheitlichen und
den utopischen Kunst- / Gesellschafts-
entwürfen des frühen 20. Jahrhunderts
wird deutlich. Oskar Schlemmer,
und wie war das da bei DADA.
Das Anliegen, die Überwindung der
Trennung von Kunst und Leben ist
spürbar und in dieser Welt aktuell,
in Schwerte mit Kalin Lindena und
Ann-Kristin Hamm.

VIII
JÜRGEN DRESCHER UND EMANUEL WADÉ

Jürgen Dreschers Skulpturen, Installationen, (Text-)Bilder, Zeichnungen und Filme sind parallele Fragestellungen der Kunst, der Welt und sich selbst gegenüber:
Wo stehe ich, wo stehst du? Dann kommt die Arbeit dazu! Wir bewegen uns – was passiert?
In der Verortung sowohl des Selbst als auch des anderen, im Alltäglichen entwickelt Jürgen Drescher plastische Fragen und Ausrufe. Die ausgerufenen Behauptungen versuchen, gegossen in Aluminium, ihrer Brüchigkeit zu trotzen. Der Abguss von Objekten ist zu einem wichtigen Verfahren seiner künstlerischen Arbeit geworden. Oft sind es alltägliche Gegenstände – wie etwa Umzugskartons, die er abgießt. Durch die Reproduktion drückt sich eine Wertschätzung der unbedeutend scheinenden Gegenstände aus, deren materielle oder skulpturale Qualitäten erst durch diesen Transfer sichtbar werden. Bewusst konfrontiert Drescher uns mit dem Herstellungsprozess der Objekte. So behalten seine Skulpturen einen unfertigen Charakter und sind so weniger einfach einzuschätzen und zu bewerten. „Sind im Misslingen Fragen offengehalten?", lautet eine Überlegung des Künstlers, die hier plötzlich im Raum steht. Das Material bleibt zweideutig an der Grenze seiner Erkennbarkeit, der Zweifel wird ganz bewusst gesät. Doch im Bruch und der sich wendenden Situation erscheint sofort die noch drängendere Frage und wird schnell auf einem Blatt Löschpapier mit Bleistift festgehalten: R U H E.
Als erster deutscher Künstler hat Jürgen Drescher 1981 im Rahmen des Rundgangs an der Düsseldorfer Akademie eine funktionstüchtige Bar gestaltet und als Kunstwerk behauptet. Es folgte u. a. für die „funktionale

Nutzung" von Alltagsgegenständen in der Kunst das inzwischen legendäre *MODELL. Konrad Fischers Bar* von Jürgen Drescher und Reinhard Mucha. Diese Arbeiten sind wegweisend für andere geworden und haben seinen Ruf als Künstler-Künstler begründet. Eine kompromisslose Suche nach Wegen und Auswegen im System der Kunst.

Emanuel Wadés Videos sind surreale Versuchsanordnungen, in denen skurrile Tanz-Performances zu skulpturalen Handlungen für unmittelbare, schöpferische Experimente werden. Architektur- und Naturräume verwandeln sich in traumartige Bühnen des Unterbewusstseins. In seinen Bildern erscheint das Umfeld fremd und zusammengewürfelt. Es spielt mit Bekanntem und meint dennoch Unbekanntes. Unterbewusst fügen sich beim Schaffen immer wieder neue Elemente mit in die Bilder ein. Sie sind nicht expressiv, treffen keine Aussage und die Figuren sind still. In allen Bildern sind die Figuren betrachtbar, aber sie selbst sehen nicht.
Kruder Stoff von (ironischer) Genialität bis zu bewusstem Dilettantismus.
Zu sehen ist der Sinn im Unsinn, der sich wortlos still gebärdet. Dinge ohne erkennbaren Grund und das Baumaterial für Fragen und Ausrufe auch hier. (Siehe auch DADA, *Wetten, dass..?*, Helge Schneider und die Filme der Surrealisten). Jürgen Drescher und Emanuel Wadé, die Geistesreisenden in Schwerte.

IX
CURIE KABINETT
Jan Albers, Christian Freudenberger, Markus Karstieß, Jochen Weber

Das *Curie Kabinett*, nach einer Idee von **Jan Albers** entstanden, ist ein fiktiver Ort, inspiriert von fotografischen Aufnahmen des Pariser Labors der

zweifachen Nobelpreisträgerin Marie Curie. Wie ein verschwundenes Bernsteinzimmer haben vier Künstler diesen Raum entdeckt und fragmentarisch in ein aufgeladenes Interieur zwischen Werkstatt und Wohnraum verwandelt. Private Objekte, Möbel, Lampen und Bilder lassen ein rätselhaftes Kabinett der Apparaturen und Dinge aus Forschung und Alltag entstehen, aufgetaucht aus einer unbestimmten Zeit. Curies Suche nach den Elementen, die die sichtbare Welt und die Objekte im Innersten zusammenhalten, überträgt sich dabei als künstlerische Idee und Versuchsanordnung auf die ausgestellten Arbeiten. Strahlen transportieren die Energie aus den großformatigen Zeichnungen und Instrumenten von Jan Albers, tasten den Raum ab und breiten sich über die rätselhaften, utopischen Entwürfe und Bilder von **Christian Freudenberger** aus. Visionen einer Welt, in der von der Schöpfung bis zur Auflösung der Materie alles möglich erscheint. Mit den Strahlen kann man durch Wände gehen oder mit einem der skulpturalen Möbelobjekte von **Jochen Weber** in die Zeitmaschine einsteigen. Experimentelle Prototypen der Gegenwart, zwischen angewandter und freier, abstrakter Form, aufgeladen mit den Utopien der Moderne. Die amorph-verschlungenen Lampenhöhlen von **Markus Karstieß** verbreiten aus ihren Öffnungen Licht und Schatten zugleich und verwandeln die Objekte in ein illusionistisches dunkles Traumkabinett. Marie Curie starb an den Folgen der Strahlung, an Leukämie. Ihre Entdeckungen und Vermessungen der Elemente veränderten die Welt. Vier Künstler im dunklen Strahlenraum und eine absurde Hommage an eine emanzipierte Frau und Wissenschaftlerin.

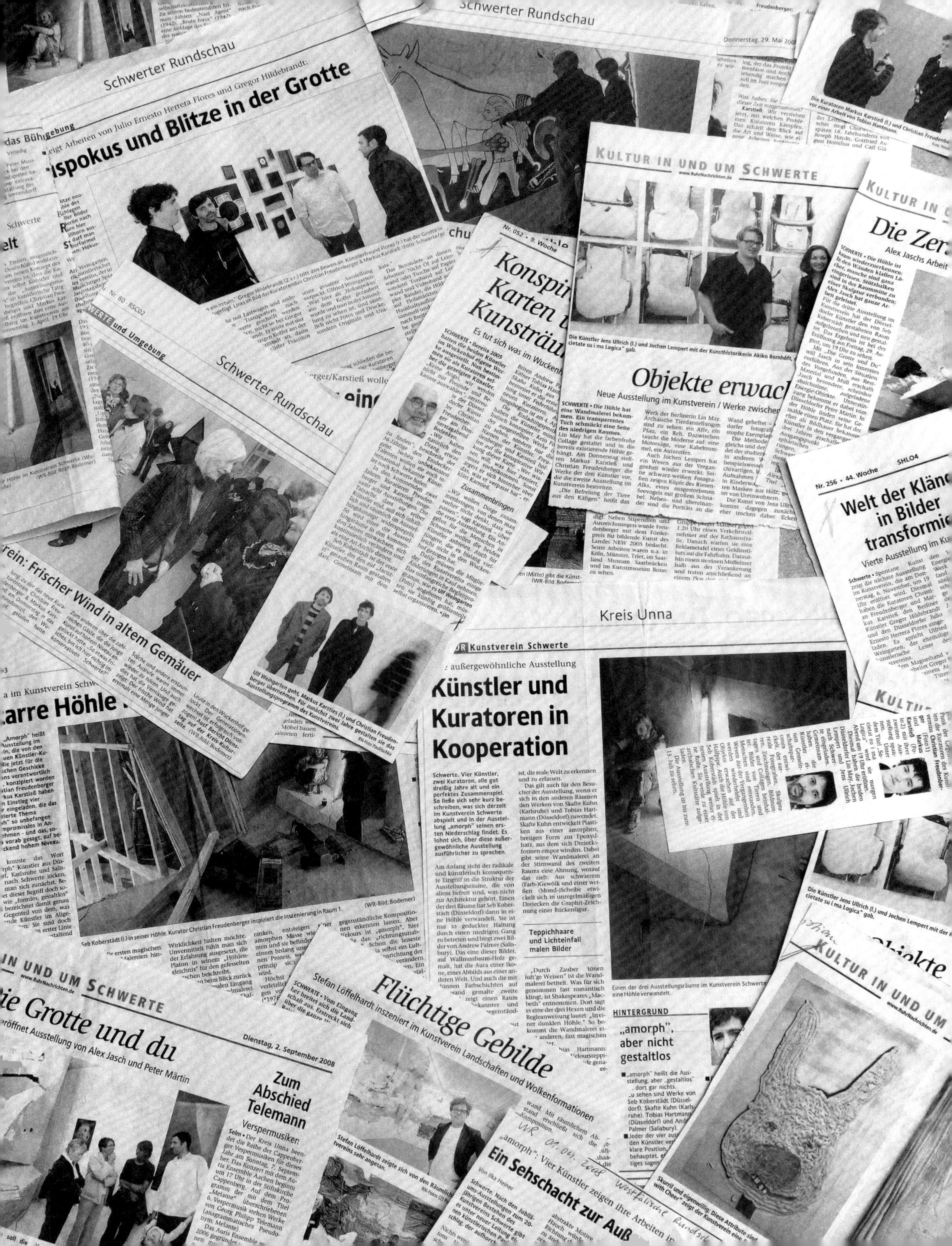

Schwerter Rundschau
Hokuspokus und Blitze in der Grotte
Frischer Wind in altem Gemäuer
Kultur in und um Schwerte
www.RuhrNachrichten.de
Objekte erwach
Neue Ausstellung im Kunstverein / Werke zwischen
Die Zers
Alex Jaschs Arbeit
Welt der Klän
in Bilder
transformie
Vierte Ausstellung im Ku
Kreis Unna
Künstler und
Kuratoren in
Kooperation
Flüchtige Gebilde
Zum
Abschied
Telemann
Vespermusiken
Ein Sehschacht zur Auß
Die Grotte und du
eröffnet Ausstellung von Alex Jasch und Peter Märtin
„amorph",
aber nicht
gestaltlos
Teppichhaare
und Lichteinfall
malen Bilder
Westfälische Rundsch

9 EXHIBITIONS

I
AMORPH

Seb Koberstädt, Andrew Palmer,
Tobias Hantmann, Skafte Kuhn

The four exhibiting artists navigate within the realm of the amorphous, through their material. The process of navigation does not end with the installation at the Kunstverein, but goes on. The works presented in the exhibition are channels. They generate worlds of ideas. Navigation continues. They are points of entry, not end points. The focus of the exhibition is the current tendency in art to create form through dissolution—in the sphere of the ethereal, of sound, of the amorphous— and to make use of the aspects of the spiritual and even of the occult in the process. And that with unmistakable references to the present.

Seb Koberstädt transforms the exhibition space into a cave.
His works are concrete barriers in life. They force things into a corner, where domicile and existence seek their own origins. We stand in the middle of his walk-in sculpture, a product of the transformation of building materials, and look into the mind of the artist himself. His efforts to understand become visible on the surface of the materials and in the absolute form of the realized work.

Andrew Palmer projects his visual worlds onto small, finely layered canvases and wooden panels. They reveal pathways in worlds that are both inside us and far apart from us. They show geometric structures, archetypal forms and mysterious effects of incoming light that allude to a parallel universe that has no spatial or temporal boundaries. He makes no attempt to evade spiritual questions about the unknown and the infinite. He creates amorphous openings in space and time, which must ultimately be entered by art. **Skafte Kuhn** develops his sculptures from subtle, poetic amalgamations of sound and text from underground/ popular music, combined with classical literary and theatrical dramas. They rise like columns of smoke or cling to the wall like dew. The viewer becomes part of a three-dimensional abstraction in the midst of amorphous landscapes. Time and space remain indeterminate. Titles and textual references transform the objects into highly charged models in undefined in-between spaces composed of dreams, reality, and states of minds.

Tobias Hantmann's carpet works have the look of fragile relics of an advanced civilization and are also situated in the here and now, as in the case of the model drawings for the path following the crash of the present. Set in precise colors between the furnishings of a 1980s-style apartment dumped at a landfill and a transcendental vision of its own. The monochrome velour carpets, hand-painted in brushstrokes applied in different directions with the aid of a ruler, produce a pattern of delicate light-and-dark contrasts between the fibers that is reflected in the light. This pattern appears temporary on the surface and eternal in the depth of its spatially fantasized projection.

II
SOCIETATE SU I MA LOGICA

Lin May, Jochen Lempert, Jens Ullrich

The cave is transformed into an archaic cultic site and a new, modern church space. Images of animals and human beings appear. Beings from the past are revived, and objects come to life on the half-pipe. The exhibition realized by **Lin May**, **Jochen Lempert** and **Jens Ullrich** describes a broad arch extending from Noah's Ark to contemporary Punk. *Societate su i ma Logica* is a phrase from a foreign language and cannot be translated in its entirety. Instead, the sound of the words describes a mood that is appropriate to the artists' encounters with each other.
This uncertain quality of space and time, filled with latently utopian objects and combinations of things, is a part of the bond that unites the artists.
The utterance appears as a statement by a strange being that invites viewers to the exhibition. **Jochen Lempert**, the artist who discovered it, studied biology and experimented with the medium of film before he turned to photography. His encyclopedic oeuvre reflects upon the relationships between science and art. Employing the techniques of visual comparison and serial presentation, the artist refers to both scientific and artistic models of presentation. He photographs living and inanimate things: animals, plants, people, and objects.
His archive of images has developed into an expanding, ever-changing cosmos. Black-and-white, evoking a documentary effect, yet subjective,

with a seemingly endless array of prints and excerpts. His photographs refer unpretentiously to an attitude of respect for nature and its creations that has been lost in contemporary culture. By finding them, depicting them and placing them in contexts of their own, he releases invisible powers that lead us in a very immediate way to the relationships between humans and animals.

The works of **Lin May** also touch upon affinities and differences among living beings. She returns to the beginning, to the point at which humans and animals encountered one another at eye level. Her sculptures, reliefs, drawings, and large reverse-glass works composed of paper speak in fables written by the artist about mythical, utopian places in a seemingly prehistoric age. The meeting of living beings is visualized with increasing clarity on the half-pipe and the stage. Time and space are dissolved away against the background of the conflict. The circle closes. In the midst of modernity, the Punk appears and founds an archaic community with the rat. In the material she uses in her works, Lin May consciously approaches the creative circles of the church, presumably because they are more original in their naïve energy than as excursions of art.

Evidence of an interest in collections, objects, and techniques which are not primarily involved in the production of art is also evident in the work of **Jens Ullrich**. He presented earlier works on banners painted by his parents, who were active in the peace movement. His photomontages and collages suggest a broad range of references: contemporary images are juxtaposed with the avant-garde tradition of abstract art and its exhibition presentation, with revolutionary typography and experimental photography. Produced with the aid of various Letraset characters and cut-outs, the geometric combinations

of black-and-white in the form of steles positioned in the room and mounted on cardboard become abstract surrogates for individuals. In subjective arrangements, his beings, people, and animals are expanded and awakened from their abstraction. They speak a new language in that unknown land.

III

IMAGINATIONLAND

Alexander Esters

Alexander Esters presents sculptures, reliefs, and paintings in his first institutional exhibition.

In *Imaginationland* strange, oddly shaped objects transform the exhibition space into an unfamiliar magical set. The sculptures assembled from carved slabs of Styrodur are cryptic world amplifiers that have emerged from his own pictures. Their resonant space is nourished from sources that would not have made their acquaintance voluntarily. Everything is represented here, from Bruno Goller to heavy metal. The extent of the artist's familiarity with his spectrum of motifs is matched by our sense of alienation in the confrontation with his works.

We wander through an *Imaginationland*, drawn in, lost, found, between play, the psychedelic and tomorrow. *See also: Zurück in die Zukunft, der 35. Mai, oder Konrad reitet in die Südsee.*

DIE GROTTE UND DU

Alex Jasch, Peter Märtin

Alex Jasch breaks through the cave (*See also*: Seb Koberstädt, Schwerte I *Amorph*) and expands it by incorporating its light and dark sides. New rooms, passages and views are exposed. In the existing situation, he creates a unique object in a seemingly careless arrangement of left-over materials,

boards, burlap, and plaster, and charges it with contemporary energy. We find ourselves back in the passages of our own grotto—laden with trash and bound with plaster. Change and the transience of the work and the materials from which it is composed are part of the artist's intention. They may crack or crumble and change color. Action and doing are concentrated for a moment and an eternity in the genuine and sensitive work of art.

In the same room, **Peter Märtin** projects his migrations of the soul distilled from stardust, whose title comes from a passage in the novel entitled *Stern der Ungeborenen* by Franz Werfel. Embarking upon utopian journeys and to points of contact and reference, the initiating sparks of incomprehensible everyday insanity and the infinite universe. In search of a society of wholeness. The pictures from the *Sternenturner* series, completed recently and in recent years, are exhibited here for the first time. We lose and search for ourselves in atmospheric-ethereal mists of color in the paintings, and we search for ourselves until we leave the grotto, gaze at the clock and—have gained time.

IV

HOKUSPOKUS

Gregor Hildebrandt

Who hasn't encountered them, these tangled balls of magnetic tapes from lost mix tapes left at the side of the road? They hang fluttering in bushes and emit their ethereal, past sounds in deep, mirroring reflections. **Gregor Hildebrandt** works with this material. The tapes come to him from flea markets and garage sales. Bags full of unwound audio cassettes and video tapes acquired from friends or strangers are piled in his studio. He arranges them by width, surface quality and color: black, anthracite or brown. He uses them to make picture panels and curtains. He localizes biographical and profanely personal elements in form and material, records the tapes before mounting them on canvas with titles by *The Cure*, *Einstürzende Neubauten* and *Tocotronic*, or chansons by Hildegard Knef and Jacques Brel. This loaded charge is noticeable. The immaterial is heard in the minimal surfaces of his pictures and disperses a deep, melancholy love of poetry. Cool was yesterday. Gregor Hildebrandt traveled with a suitcase full of pictures from Berlin to Schwerte, where he unfolded a unique retrospective *en miniature* from it at the Kunstverein. The fleeting character of the journey and the whoosh of the many sounds were manifested in their own shadow—hocus-pocus.

IN DER GROTTE:
Julio Ernesto Herrera Flores

Julio Ernesto Herrera Flores posts a sign. A sprayed zigzag from one corner to the other. His work: pictures on canvas and, here as well, in the true sense of the word, directly! on the wall. His motif appears without beginning or end, a hard loop, a continuous loop and a simple sign at once. Surfaces are covered with tape and sprayed. The pictures allude to nothing but themselves. Minimal references are included, but they take us no further. The mist of spray rises in the room and opens the view to a new horizon in the dissolution of Modernism. Oppositions accumulate and the way back is blocked irrevocably.

V
SPASTIC WITH CHEER
Heike Kati Barath, Paul McDevitt

If we follow the artists in their peculiar fantasies, in often painless presentations,

we inevitably wander astray onto the paths of popular culture: The world is a potato! No, a cigarette, or perhaps two potatoes and a fag—so it's a face? Mmmmmh? How silly! Or perhaps: The world is a rabbit or a Yeti—always disappearing. Or a huge bouquet of flowers or a broken beer bottle or a pile of brain matter. No, the world is flat! Like a beer coaster? Yes, a coaster-matrix world with mountains of broken glass; like pictures with forests of tile grout and seas of oil. Really?

Heike Kati Barath paints pictures. Her large formats can easily reach heights of 300 cm. At first glance, her subjects look like enlargements of childish or naïve drawings. Blonde girls and pubescent boys, rabbits, Asians, the black man, van Gogh, nudes and hairless people, threatening masks and other figures often appear directly in front of the viewer in impossible proportions and strangely exaggerated dimensions. Little space is left for space. The first impression of lightness soon gives way to a sense of discomfort. The immediacy of the protagonists, the colors and the coats of paint repeatedly carry the viewer back to crazy, kitschy, just barely bearable memories of children's rooms. Tensions composed of naked innocence and joy, on the one hand, and vulnerability and fear, on the other, are components of her world of images. Barath does not illustrate comprehensible stories. Instead, her works inevitably awaken the collective memory of images and nightmares that slumber within us all. *See also* "Red Riding Hood and the Big Bad Wolf," the song sung by the children in *Nightmare on Elm Street*. These images are not easy to bear.

Paul McDevitt works with material from a ubiquitous popular culture: comics, science fiction and fantasy have left traces in his worlds of ideas and images since his youth. Yet he uses this wealth

of illustrations and styles for his very own research and stories. His paintings, drawings, etchings and sculptures are often inspired by very specific current or historical events and personifications. And thus we are confronted with strange encounters and cultures in his imaginary scenes and landscapes. **McDevitt** creates deliberate combinations of high and low: comic places and figures appear in the history of the colonization of America. He paints historical floral still lifes on beer coasters, and a lost sculpture by Henry Moore inspires him to make woven basket objects. The German-American landscape painter Albert Bierstadt becomes the initiator of a drawn exchange of letters with his colleague Cornelius Quabeck. And as if that were not enough, he paints pictures which remind the reviewer for *TAZ* of the "pastel palette of a silk-painting course from the 1980s."

VI
STEFAN LÖFFELHARDT

Stefan Löffelhardt takes the viewer on a journey through romantic, bizarre landscapes and on to the clouds and utopian planets of the present. He is a landscape painter, and as such a sculptor as well. Working with such everyday materials as plastic sheeting, wood, plaster, glass, and waste, he creates expansive pictures and picturesque installations. The viewer is actively involved in his cosmos in that he finds himself in the midst of a model of the world and is forced to find his place in it. The works deliberately echo elements of the vast landscapes of the Dutch Baroque, the staggered heavens of Tiepolo and the mountains and wastelands of the Romantic Age. Löffelhardt's works are landscapes of ideas and states of mind that have something to say about our life in the present. They spread out, over the walls and on the floor, as fragments of provisional model configurations hanging from the ceiling, or as photographic staged scenes. They draw the viewer into imaginary flight paths, changing and tilting perspectives and shifts of scale. Organic and constructed elements appear in alternation. Plaster, wire, foam rubber, and glittering foil agglomerate in cloud formations and picturesque fields of experimentation. These also appear in the exhibition work in collaboration with the Dusseldorf artist Heike Kabisch, who simply has one of her strangely disproportioned woman-girl figures land on one of his clouds, establishing what only seems to be a relationship of scale. A quest for a very personal expression of beauty, atmosphere and the idyllic is evident in Löffelhardt's work. A landscape expands.

VII
ANN-KRISTIN HAMM
&
KALIN LINDENA

Ann-Kristin Hamm: The sunlight hurts my eyes. When the blind can see again. Am I an insect gazing into the world? In the attraction of viewing it remains unclear which eyes we are looking through, what we are seeing and which physical states might explain the perspectives. Our sense of time and space is vague. At the same time, the events in the works of Ann-Kristin Hamm appear as expressions of a hallucinatory attempt to stand out in a visual, sensory sense. Hamm combines oil and acrylic paints. Pictorial planes are superimposed and folded in the style of a collage. During the work process, which relies on calculated chance, spots and splashes of paint generate confusing, explosive forms that lie somewhere between abstraction and representation. Crystalline, abstract

splinters of perception and voids in the depth of field merge in her paintings and wall pieces into ornamental creations and utopian designs. Openings emerge, revealing worlds of images and chains of association that may be within us or far outside us. Ann-Kristin Hamm's paintings and wall collages approach the boundaries of visual imagination. Outer space and a snail's shell, blossom, fans, mandala and a batik course for ants.

When we experience the bodily essence of the objects created by **Kalin Lindena**, beings that live within them come to the fore. We encounter several of these so-called extras in Lindena's world, on rollers, with the potential for movement, dance and body language.
Like surrogates and symbols full of light and shadows in order to express personal feelings, moods and memories. Lindena uses a wide variety of materials and media in her works: paintings, sculptures, photographs and video. Openness and the aspect of process are characteristic features of these objects made paper, fabric, wood, glass, Styrofoam and plaster, buckets, bicycle wheels and Hula-hoops.
She creates theater-style situations and sets. Wall pieces and paper collages become part of a process involving the conscious design of architecture and space. Motifs and individual fragments from her works are transposed into a series of new contexts from the past to the future and form the branches of a living whole. The artist appears to observe rules she has set for herself. The diverse influences that contribute to her art are bundled together with carefully considered quotations and the use of crude materials, then broken up and driven further toward new creative confessions (*see also* Paul Klee).
The world is more than what is present. She is clearly interested in the holistic and in the utopian art / models of society of the early twentieth century.

Oskar Schlemmer, and what was the deal with Dada? The goal of bridging the gap between art and life is palpably evident and current in this world, and in Schwerte with Kalin Lindena and Ann-Kristin Hamm.

VIII
JÜRGEN DRESCHER UND
EMANUEL WADÉ

Jürgen Drescher's sculptures, installations, (text) paintings, drawings, and films are parallel expressions of questions about art, the world and himself:
Where do I stand? Where do you stand? And then comes work! We move—and what happens?
Jürgen Drescher develops sculptural questions and exclamations in the process of localizing the self and the other in the everyday world. His exclamatory claims, cast in aluminum, attempt to defy their fragility. Casting objects has become an important part of his work as an artist. Many of the objects he casts are everyday things— such as cardboard packing boxes. Through reproduction, he expresses his admiration for these apparently insignificant objects, whose material or sculptural qualities come to light only through this process of transfer.
Drescher deliberately confronts us with the process involved in the production of these objects. Consequently, his sculptures retain a certain unfinished quality and are thus somewhat difficult to assess and evaluate. "Are questions left open in failure?" is one of the issues the artist considers and one which suddenly emerges in this context. The material remains ambiguous at the outer limits of its recognizability. Doubts are sewn deliberately. Yet a much more urgent question emerges in the turnabout and the changing situation, and is quickly written in pencil on a

sheet of blotting paper:
R U H E (Silence).
Jürgen Drescher was the first German
artist to design a functional bar and
defend its status as a work of art within
the context of a tour of the Dusseldorf
Academy in 1981. It was followed,
among other works, as an example of
the "functional use" of everyday objects
in art by the now legendary *MODELL.
Konrad Fischers Bar* by Jürgen Drescher
and Reinhard Mucha. These works have
pointed the way for others and solidified
his reputation as an artist's artist. His is
an uncompromising quest for paths and
escape routes within the system of art.

Emanuel Wadé's videos are surreal
experimental designs in which bizarre
dance performances become sculptural
acts for direct, creative experiments.
Architectural and natural spaces are
transformed into dreamlike stages of the
subconscious. The environment in his
paintings appears strange and randomly
assembled. He experiments with the
familiar but treats it as unknown.
New elements are repeatedly and
subconsciously incorporated into the
images. They are not expressive; they
make no statements, and the figures
are motionless. The figures in all of the
pictures are observable, but they cannot
see themselves.
Crude use of materials ranging from
(ironic) genius to dilettantism. What we
see is sense in nonsense, which presents
itself in wordless silence. Things without
recognizable reason and the building
material for questions and exclamations
are evident here as well. (*See also* Dada,
Wetten, dass..?, Helge Schneider and the
films of the Surrealists). Jürgen Drescher
and Emanuel Wadé, the spiritual
travelers in Schwerte.

IX
CURIE KABINETT

Jan Albers, Christian Freudenberger,
Markus Karstieß, Jochen Weber

Based on an idea proposed by **Jan
Albers**, the *Curie Kabinett* is a fictional
place inspired by photographs of the
Paris laboratory of two-time Nobel
Prize winner Marie Curie. Like a lost
Amber Room, four artists discovered
this setting and transformed it
fragmentally into a highly charged
interior exhibiting elements of both a
workshop and a living room. Personal
objects, furniture, lamps, and pictures
create a puzzling showcase of apparatus
and objects from the realms of science
and everyday life which re-emerges
from an unknown time. Curie's search
for the elements that hold the visible
world and its objects together at
their innermost core is transferred as
an artistic idea and an experimental
configuration to the exhibited works.
Rays transport energy from the large
drawings and instruments of Jan Albers,
scanning the room and spreading over
the mysterious, utopian models and
pictures by **Christian Freudenberger**.
Visions of a world in which everything
seems possible, from creation to the
dissolution of all matter. The viewer
can pass through the wall with the
rays or climb into a time machine with
one of the sculptural furniture objects
created by **Jochen Weber**. These are
experimental prototypes of the present,
between applied and free, abstract form,
charged with the utopias of Modernism.
The amorphous, convoluted recessed
lamp hollows designed by **Markus
Karstieß** distribute both light and
shadow from their openings and
transform the objects into elements
of a dark, illusionistic dream cabinet.
Marie Curie died of leukemia caused by
radiation poisoning.

Her discoveries and experiments with
the elements changed the world. Four
artists in a dark radiation room and
an absurd homage to an emancipated
woman and scientist.

Biografien, Werkverzeichnis / Biographies, List of Works

I

Seb Koberstädt * 1977 in Heidenheim
lebt und arbeitet in Düsseldorf / lives and works in Dusseldorf,
Germany

4, 6, 7, 9   BELL END, 2008, Gips, Holz, Rigips, Dimension variabel
8, 15   Seb Koberstädt, Kunstverein Schwerte, 2008
       Courtesy Galerie Luis Campaña, Köln / Berlin

Andrew Palmer * 1979 in Salisbury
lebt und arbeitet in London / lives and works in London, UK

9, 13   His Grandmaster's voice, 2008, Öl auf Leinwand, 51 x 42 cm
9, 13   o. T. , 2008, Öl auf Walnussholz, 41,5 x 33 cm
       Courtesy Galerie Rüdiger Schöttle, München

Tobias Hantmann * 1976 in Kempten
lebt und arbeitet in Köln / lives and works in Cologne, Germany

10   Tobias Hantmann, Kunstverein Schwerte, 2008
11   o. T. , 2008, gekämmter Teppich, 250 x 190 cm
14   o. T. , 2008, gekämmter Teppich, 164 x 134 cm
       Courtesy der Künstler

Skafte Kuhn * 1969 in Mannheim,
lebt und arbeitet in Mannheim / lives and works in Mannheim,
Germany

11   Eben daselbst, 2005, Epoxydharz, T-Shirt-Material,
       Seidenpapier, 210 x 80 x 50 cm
12   v. l. n. r.: Vergangen ist das Firmament, 2007, Epoxydharz,
       Gips, Siebdruck auf Baumwolle, 170 x 56 x 50 cm
12   Durch Zauber tönen luft'ge Weisen, 2005, Epoxydharz, Lack,
       Wandmalerei, zweiteilig, Größe variabel
12   Es warn der Morgendämmerung schon zuviele, 2006,
       Epoxydharz, LP-Cover, Metall, 100 x 55 x 20 cm
       Courtesy Galerie Kadel Willborn, Karlsruhe

II

Lin May * 1973 in Würzburg
lebt und arbeitet in Berlin / lives and works in Berlin, Germany

16, 28, 29
       Die Befreiung der Tiere aus den Käfigen IV, 2008,
       Scherenschnitt mit Transparentpapier,
       Estrichpappe, Leuchtstoffröhren, 300 x 600 cm

25   Punk und Ratte, 2008, Holz, beschichteter und bemalter
       Styropor, 94 x 48 x 30 cm
26, 27   Ausstellungsansicht Jens Ullrich, Lin May, Jochen Lempert,
       Kunstverein Schwerte, 2008
27   Ankunft der Tiere I, 2008, gewidmet E. Canetti, Acryl auf
       Leinwand, 70 x 100 cm
       Courtesy die Künstlerin

Jochen Lempert * 1958 in Moers
lebt und arbeitet in Hamburg / lives and works in Hamburg, Germany

19, 21   The Skins of Alca impennis, 1990 – 2008,
       Silbergelatineabzug, je 18 x 24 cm
22   Jochen Lempert, Kunstverein Schwerte, 2008
23   Schaffelle, 2005, Silbergelatineabzug, je 60 x 80 cm
24   Fotogramm Florizel, 2006, Silbergelatineabzug, 30 x 40 cm
26, 27   Ausstellungsansicht Jens Ullrich, Lin May, Jochen Lempert,
       Kunstverein Schwerte, 2008
26   Elfenbein, 1990, Silbergelatineabzug, 50 x 60 cm
27   Jaguar, Zecke, Piranha, 1994, Silbergelatineabzug,
       je 60 x 80 cm

Jens Ullrich * 1968 Tukuju / Tansania
lebt und arbeitet in Berlin / lives and works in Berlin, Germany

18   Jens Ullrich, Kunstverein Schwerte, 2008
18   Totem LS, Totem KU, 2007, Holz, Farbe, Messing,
       zusammen ca. 110 x 110 x 20 cm
19   Jens Ullrich und Jochen Lempert, Kunstverein Schwerte, 2008
19   Zehn Entwürfe, 2007, Collage auf Finnpappe,
       je ca. 25 x 35 cm, Detail
20   Fünf Entwürfe, 2007, Collage auf Finnpappe,
       je ca. 25 x 35 cm, Detail
21   Totem F, 2007, Holz, Farbe, Messing, ca. 250 x 30 x 20 cm
26, 27   Ausstellungsansicht Jens Ullrich, Lin May, Jochen Lempert,
       Kunstverein Schwerte, 2008
       Jens Ullrich, VG Bild-Kunst, Bonn

III

Alex Jasch * 1971 in Duisburg
lebt und arbeitet in Düsseldorf / lives and works in Dusseldorf,
Germany

30, 35   o. T. , 22.08.2008, Holz, Gips, Rupfen, Lampe,
       diverse Materialien, Installation im Kunstverein Schwerte
       Courtesy der Künstler

Peter Märtin * 1963 in Münster
lebt und arbeitet in Düsseldorf / lives and works in Dusseldorf,
Germany

32	# 13 (it is what it is—beautiful), Öl, Lack auf Leinwand, 60 x 40 cm
32	# 32 (Holzauge), 2007, Öl auf Holz, 46 x 36,5 cm
33	# 50 (Limit), 2008, Öl, Lack auf Holz, 55,5 x 49 cm, übermalt
33	# 36 (kleiner Tropfen), 2008, Öl, Lack auf Holz, 58 x 38 cm, übermalt
33	# 53 (Landschaft), 2008, Öl, Lack auf Holz, 150 x 86,5 cm, übermalt
36	# 37 (Versuch), 2008, Öl, Lack auf Holz, 56 x 46 cm
	Courtesy der Künstler

Alexander Esters * 1977, Bad Kreuznach
lebt und arbeitet in Frankfurt a. M. / lives and works in
Frankfurt a. M., Germany

34	Blödkopf, 2008, Styrodur, Holz, Styropor, Acrylfarbe, Pappmaché, Buntglas, 71 x 26 x 37 cm
37	Selbstporträt auf Motorhaube, 2008, Öl-, Acryl-, Druckfarbe, Bunstift und PVC-Druck auf Nessel, 263 x 331 cm
38, 39	v. l. n. r.: Hässlicher Verlierer, 2008, Styrodur, Holz, PVC, Acryl- und Ölfarbe, Pappe, 64 x 43 x 37 cm
	Neutron, 2008, Styrodur, Holz, PVC, Acrylfarbe, 101 x 57 x 59 cm
	Sag Namen, 2007, Styrodur, Holz, Acryl- und Druckfarbe, Bleiverglasung, 133 x 52 x 120 cm
	Kousine Fliege, 2008, Styrodur, Pappmaché, Papier, Acryl-, Druck-, Ölfarbe, Holz und Pflaster, 89 x 27 x 39 cm
	Courtesy VAN HORN, Düsseldorf

IV

Gregor Hildebrandt * 1974 in Bad Homburg
lebt und arbeitet in Berlin / lives and works in Berlin, Germany

42 – 45	Hokuspokus, 2006 – 2007, Koffer, Tape auf 46 Leinwänden, 47-teilig, variabel
46	Hokuspokus, Detail
	Courtesy Wentrup, Berlin

Julio Ernesto Herrera Flores * 1977 in Ahuachapan / El Salvador
lebt und arbeitet in Düsseldorf / lives and works in Dusseldorf,
Germany

40, 47	o. T. , 2008, Latexfarbe, Spray, Dimension variabel
	Courtesy der Künstler

V

Heike Kati Barath * 1966 in Vaihingen / Enz
lebt und arbeitet in Berlin / lives and works in Berlin, Germany

48	o. T. , 2009, Wandmalerei, Detail, Spray, Filzstift
50, 56, 57	Heike Kati Barath, Paul McDevitt, gemeinschaftliche Wandarbeit, Kreide, Lack, auf Latexfarbe Kunstverein Schwerte, 2009
53	o. T. , 2008, Öl und Lack auf Leinwand, 200 x 240 cm
54	o. T. , 2007, Öl, Lack, Fugendichter auf Leinwand, 240 x 200 cm
	Courtesy Galerie Mark Müller, Zürich, CH

Paul McDevitt * 1972 in Troon / Schottland
lebt und arbeitet in Berlin und London, UK / lives and works in Berlin,
Germany and London, UK

50, 56, 57	Heike Kati Barath, Paul McDevitt, gemeinschaftliche Wandarbeit, Kreide, Lack, auf Latexfarbe, Kunstverein Schwerte, 2009
51	Drooling Idiot Fountain, 2009, Öl, Tusche, Bierdeckel auf Leinwand, 100 x 80 cm
51	Dripping Idiot Fountain, 2009, Öl, Tusche, Bierdeckel auf Leinwand, 100 x 80 cm
52	The Black Stinking Fume Thereof, 2008, Buntstift, Tusche auf Papier, 51 x 50 cm
55	The Organs of Generation, 2008, Acryl, Gouache, Tusche, Buntstift, Glas, Bierdeckel, auf Leinwand
	Courtesy Sommer & Kohl, Berlin

VI

Stefan Löffelhardt * 1959 in Biberach / Riß
lebt und arbeitet in Düsseldorf / lives and works in Dusseldorf,
Germany

58, 62, 63	Grund für ein Haus, 2009, Mixed media, Dimension variabel
60	Stefan Löffelhardt, Kunstverein Schwerte, 2009
61	Wolke DO2-1, detail, 2007, Mixed media, 100 x 40 x 88 cm
61	Wolke DO2-2, 2007, Mixed media, 100 x 60 x 60 cm
61	Wolke DO2-4, 2007, Mixed media, 80 x 50 x 80 cm
	Courtesy Galerie Aurel Scheibler, Berlin

VII

Ann-Kristin Hamm * 1977 in Mönchengladbach
lebt und arbeitet in Berlin / lives and works in Berlin, Germany

64	Ann-Kristin Hamm & Kalin Lindena, Gemeinschaftsarbeit / Intervention mit Stoff im Kunstverein Schwerte, 2009
70, 71, 73	o. T. , 2009, Papier, Acryl- und Ölfarbe, Tusche, Wandarbeit, Größe variabel
	Courtesy Galerie Rupert Pfab, Düsseldorf

Kalin Lindena * 1977 in Hannover
lebt und arbeitet in Berlin / lives and works in Berlin, Germany

64   Ann-Kristin Hamm & Kalin Lindena, Gemeinschaftsarbeit /
        Intervention mit Stoff im Kunstverein Schwerte, 2009
66   Statist: Ecke, 2009, PU-Platten, Gips, Sprühlack,
        193 x 70 x 49 cm
67   Statist: Bogen, 2008, Holz, Styropor, Gips,
        205 x 105 x 54 cm
68   Für alles gegen gut ist, 2009, Grafit, Papier, Beize,
        261 x 159 cm
69, 72 Statist: Seinem, 2009, Fahrrad- und Hula-Hoop-Reifen,
        Metall, Sprühlack, 218 x 75 x 70 cm
        Courtesy Galerie Christian Nagel, Köln / Berlin

VIII

Jürgen Drescher * 1955 in Karlsruhe
lebt und arbeitet in Berlin / lives and works in Berlin, Germany

74, 78 Jürgen Drescher, Kunstverein Schwerte, 2009
76   Punktblende schwarzweiß, 2008, Video, 1:00 Min.
76 – 78 Farbige Kreise, 2008, Video, 1:30 Min.
79   Träne an Stange II, 2008, Aluminiumsandguss,
        205 x 200 x 170 cm
81   Kreuze, 2009, Aluminiumsandguss, 198 x 108 x 101 cm
81, 82 Kiste, 2009, Aluminiumsandguss, 63,5 x 66 x 56 cm
83   Kreuze, Detail
        Courtesy der Künstler

Emanuel Wadé * 1982 Landsberg am Lech
lebt und arbeitet in München / lives and works in Munich, Germany

79   o. T. , 2009, Acryl auf Leinwand, 220 x 210 cm
80   o. T. , 2009, Acryl auf Leinwand, 100 x 120 cm
81   Raucher, 2009, C-Print auf Forex, 100 x 110 cm
        Courtesy der Künstler

IX

Jan Albers * 1971 in Wuppertal
lebt und arbeitet in Düsseldorf / lives and works in Dusseldorf,
Germany

86, 87, 91
        Raytighttopainlight, 2009, Stahlrohr, feuerverzinkt,
        pulverbeschichtet & verkupfert, Größe variabel
86, 87 sOmeslowsnOw, 2010, Buntstiftcollage, Draht, Badges,
        pulverbeschichtetes Kupferrohr auf Papier, 200 x 140 cm
87   curiekinkPechbender, 2010, Buntstiftcollage, Draht,
        pulverbeschichtetes Kupferrohr auf Papier, 100 x 70 cm
        Courtesy VAN HORN, Düsseldorf

Jochen Weber * 1980 in Hamburg
lebt und arbeitet in Hamburg / lives and works in Hamburg, Germany

86   Stuhl 1, 2006, HDF, Glasfaser, Polyesterharz, Pigment,
        78 x 63 x 59 cm, Unikat
88   Figur 3, 2010, Balsaholz, Glasfaser, Polyesterharz,
        48 x 48 x 75 cm, Unikat
89, 90 Figur 2, 2009, Balsaholz, Glasfaser, Polyesterharz,
        48 x 48 x 82 cm, Unikat
89, 90 Figur 5, 2010, Balsaholz, Glasfaser, Polyesterharz,
        52 x 55 x 75 cm, Unikat
89, 90 Figur 6, 2010, Balsaholz, Glasfaser, Polyesterharz,
        48 x 48 x 68 cm, Unikat
91   Figur 7, 2010, Balsaholz, Glasfaser, Polyesterharz,
        48 x 50 x 80 cm, Unikat
        Courtesy der Künstler

Christian Freudenberger * 1971 in Dortmund
lebt und arbeitet in Düsseldorf / lives and works in Dusseldorf,
Germany

Umschlag, 84
        Objekt 0, aus dem Kern, 2010, Wandmalerei mit
        Acryl, Größe variabel, Höhle geschwärzt
90   Alternatives Objekt, aus den Übungen, 2010, Pigmentdruck
        auf Leinwand, 195 x 150 cm
90   Alternatives Objekt, aus den Ferienhäusern, 2010,
        Pigmentdruck auf Leinwand, 195 x 150 cm
92   Alternatives Objekt # 82010, *curiecurie*, 2010, Pigmentdruck
        auf Leinwand, 90 x 70 cm
94, 95 Objekt 0, aus dem Kern, 2010, Wandmalerei mit Acryl,
        Größe variabel
        Courtesy der Künstler

Markus Karstieß * 1971 in Haan / Rheinland
lebt und arbeitet in Solingen und Düsseldorf / lives and works in
Solingen and Dusseldorf, Germany

Umschlag, 84
        Pechblende (No.1–5), 2010, glasierte Keramik, Stahlkette,
        Kabel, Glühlampe, verschiedene Größen
89, 90, 94
        Pechblende (No.1–5), 2010, glasierte Keramik, Stahlkette,
        Kabel, Glühlampe, verschiedene Größen
91   Vernon Doe, 2010, glasierte Keramik, Gold, Gemeine Hasel,
        Höhe 62 cm
        Courtesy VAN HORN, Düsseldorf

NACHWORT

Ulfried Weingarten

Der Beginn der Ausstellungsreihe *Schwerte 0809* der beiden Künstler-Kuratoren Christian Freudenberger und Markus Karstieß hat den Kunstverein Schwerte getroffen wie ein Blitzschlag. Damit ist es wohl am ehesten zu beschreiben, wenn man an den gewohnten Ort, an „seinen" Ort der Kunstrezeption kommt und sich neu orientieren muss: Da hat sich gleich zur ersten Ausstellung der Raum, in dem man sich bislang zur Vernissage einfand, in eine Höhle verwandelt; da ist in den anderen Räumen die heimelige und etwas theatralische Spot-Beleuchtung einer gleichmäßigen Taghelle gewichen; da spannt Kunst einen Bogen von der traditionsreichen Tafelmalerei bis zum Bildmotiv aus Schatten und Licht, vom gebürsteten Flor eines Veloursteppichs reflektiert.

Nicht dass der Kunstverein in den 100 voraufgegangenen Ausstellungen sein Publikum nicht herausgefordert hätte! Mit Mut und Offenheit haben sich die Mitglieder der Erweiterung der eigenen Perspektive und der damit verbundenen Veränderung ihres Blicks auf Gesellschaft und Welt gestellt.

Was aber den energetischen Schub dieser Ausstellungsreihe ausgemacht hat, ist die Umkehrung des Blicks: War nämlich die Blickrichtung bislang die vom Kunstverein auf die Möglichkei-ten der Gegenwartskunst, sich so zu formulieren, dass sie den Betrachter an seinem Standort abholt, so gab es nun den Blick von der aktuellen Kunst auf die Möglichkeiten des Kunstvereins, d. h. auf die Bereitschaft des Kunstbetrachters, die Erweiterung der Grenzen des eigenen Denkens und ästhetischen Empfindens dort zu vollziehen, wo die Gegenwartskunst ihren aktuellen Standort hat. Das provoziert eine neue Aktivität für den Fortschritt im eigenen Kunstverstehen und es wird deutlich, welchen Vorzug es hat, dass die beiden Kuratoren dieser Ausstellungsreihe zugleich Künstler sind.

Wie mit dem Blitzschlag eine unmittelbare Erleuchtung verbunden ist, so kündet das Donnergrollen auch in weiter Entfernung noch von diesem erhellenden Ereignis. Das Kunstereignis *Schwerte 0809* ist im Verlauf von zwei Jahren weit über die Grenzen der Stadt hinaus und nicht nur in NRW wahrgenommen worden. Mit dem Dank an Christian Freudenberger und Markus Karstieß verbindet der Kunstverein Schwerte die Hoffnung, dass auch für dieses Projekt die These gilt, die Jan Hoet einmal aufgesellt hat: In der Provinz wird das ausprobiert, was später in den Metropolen Schule macht.

AFTERWORD

Ulfried Weingarten

The opening of the exhibition series *Schwerte 0809* organized by the two artist-curators Christian Freudenberger and Markus Karstieß struck the Kunstverein Schwerte like a bolt of lightning. That is perhaps the best way to describe the experience of arriving at a familiar place, one's "own" familiar setting for encounters with art, and having to reorient oneself completely: In this case, the room previously used for vernissages was transformed into a cave for the very first exhibition. In the other rooms, the cosy and somewhat theatrical spot-lighting gave way to uniform daylight. On this occasion, art became a connecting arch between traditional panel painting to pictorial motifs composed of shadow and light reflected from the brushed pile of a velour carpet.

It is not as if the Kunstverein hadn't challenged the viewing public in the one hundred preceding exhibitions! With courage and open-mindedness, our members have always been prepared to accept the expansion of their own horizons and the resulting changes in their views of society and the world at large.

Yet what accounts for the burst of energy generated by this exhibition series is a reversal of perspective: While the Kunstverein has traditionally focused in its approach to the possibilities offered by contemporary art on articulating itself in such a way as to pick up viewers where they found themselves, the perspective on contemporary art has now shifted to the possibilities offered by the Kunstverein itself, that is to the willingness of viewers of art to extend the boundaries of their own thought processes and aesthetic sensibilities at the point at which contemporary art is presently situated. That provokes new activity on behalf of progress in one's own understanding of art, and it has now become clear how advantageous it is that the two curators of this exhibition series are artists themselves.

Just as a bolt of lightning brings immediate illumination, the thunder rolling in the distance also heralds this enlightening event. During the past two years, the art event *Schwerte 0809* has drawn attention from far beyond the city limits and the borders of the state of North Rhine-Westphalia. With its words of thanks to Christian Freudenberger and Markus Karstieß, the Kunstverein Schwerte also expresses the hope that the principle once voiced by Jan Hoet will apply to this project as well: What is tried and tested in the provinces will ultimately catch on in the big cities as well.

Impressum / Colophon

Shadow & Substance
9 Exhibitions
at the
KUNSTVEREIN SCHWERTE

Das Buch erscheint anlässlich der Ausstellungsreihe *Schwerte 0809*
von Christian Freudenberger und Markus Karstieß /
This book was published on the occasion of the exhibition series *Schwerte 0809*
by Christian Freudenberger and Markus Karstieß
2008 – 2010

Herausgeber / Editors
Christian Freudenberger, Markus Karstieß
Kunstverein Schwerte e. V.

Autoren / Authors
Dr. Stefanie Kreuzer
Ulfried Weingarten
Christian Freudenberger
Markus Karstieß

Übersetzung / Translation
John Southard

Endkorrektorat Englisch / Proofreading English
Wendy Dowding

Fotografie / Photographs
Markus Karstieß
Achim Kukulies, Düsseldorf
Christian Freudenberger
Ann-Kristin Hamm
Wendelin Bottländer
Alex Kraus, Frankfurt a. M.

Gestaltung / Design
Adeline Morlon

Lithografie / Photoset
bildarbeit, Henning Krause, Köln / Cologne

Einladungskarten / Invitation cards
Markus Karstieß
Christian Freudenberger

Die Deutsche Nationalbibliothek verzeichnet diese Publikation in der Deutschen Nationalbibliografie;
detaillierte bibliografische Daten sind über http://dnb.d-nb.de abrufbar.
The Deutsche Nationalbibliothek lists this publication in the Deutsche Nationalbibliografie;
detailed bibliographic data are available at http://dnb.d-nb.de.

Gesamtherstellung und Vertrieb / Printed and published by:
Kerber Verlag, Bielefeld
Windelsbleicher Str. 166–170
33659 Bielefeld, Germany

Tel. +49 (0) 5 21/9 50 08-10
Fax +49 (0) 5 21/9 50 08-88
info@kerberverlag.com
www.kerberverlag.com

Kerber, US Distribution
D.A.P., Distributed Art Publishers, Inc.
155 Sixth Avenue, 2nd Floor
New York, NY 10013
Tel. +1 212 6 27 19 99
Fax +1 212 6 27 94 84

Fotos / Images
© Markus Karstieß, VG Bild-Kunst, Bonn 2010
außer / except
© Achim Kukulies (S. / pp. 4, 6 / 7, 9, 11, 12, 13, 14, 21, 23, 25, 26 / 27, 32, 33, 34, 37)
© Christian Freudenberger (S. / p. 96)
© Ann-Kristin Hamm (S. / p. 67)
© Wendelin Bottländer (S. / p. 83)
© Alex Kraus, Frankfurt a. M. (S. / pp. 38/39)
© Tobias Hantmann, Alex Jasch, Jochen Lempert VG Bild-Kunst, Bonn 2010

ISBN 978-3-86678-486-4

Printed in Germany

Dank / Acknowledgements

Die Künstler / The artists
Ulfried Weingarten, Seb Koberstädt, Michael Schade, Gisela Tebbel,
Ulla Jacobs, Aleksandra Konopek, Katja Weydringer, Familie / family Weydringer, Ruthild Dittrich,
Hedwig Eggert, Klaus Gerhold, Annemarie Kässens, Lore Kleinbaumhüter, Marianne Krämer,
Christa Kußin, Antonie Romba, Karl-Heinz Schöpf, Margret Stoffelen, Philipp Freudenberger,
Erhard Freudenberger, Udo Becker, Torsten Broer, Wendelin Bottländer, Achim Kukulies, Alex Kraus,
Akiko Bernhöft, Michael Krajewski, Stefanie Kreuzer, Carl Friedrich Schroer, Nadine Zeidler, Daniela Steinfeld,
Henning Krause, Adeline Morlon, Fritz Tressin, Jan Albers, Dorothee Fischer,
KuWeBe, Schwerte, Stiftung Kunst, Kultur und Soziales der Sparda-Bank West, Kunststiftung NRW,
private Leihgeber / private lenders

Gefördert von der Kunststiftung NRW und der Stiftung Kunst, Kultur und Soziales
der Sparda-Bank West / Sponsored by the Kunststiftung NRW
and the Stiftung Kunst, Kultur und Soziales of the Sparda-Bank West.

KUNSTVEREIN SCHWERTE e.V.
Kötterbachstraße 2
58239 Schwerte

www.kunstverein-schwerte.de

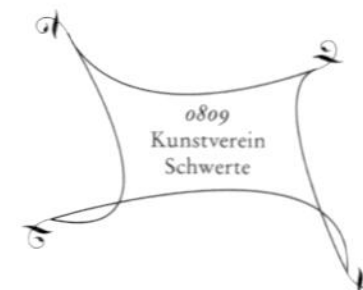

KUNSTSTIFTUNG ● NRW

Stiftung Kunst
Kultur und
Soziales
der Sparda-Bank West